AF195051

Impressum
Verlag: BABADADA GmbH, Nedderfeld 112 , 22529 Hamburg
Geschäftsführer / Verlagsleitung: Harald Hof
Druck: Books on Demand GmbH, In de Tarpen 42, 22848 Norderstedt

Imprint
Publisher: BABADADA GmbH, Nedderfeld 112 , 22529 Hamburg, Germany
Managing Director / Publishing direction: Harald Hof
Print: Books on Demand GmbH, In de Tarpen 42, 22848 Norderstedt

el colegio
សាលារៀន

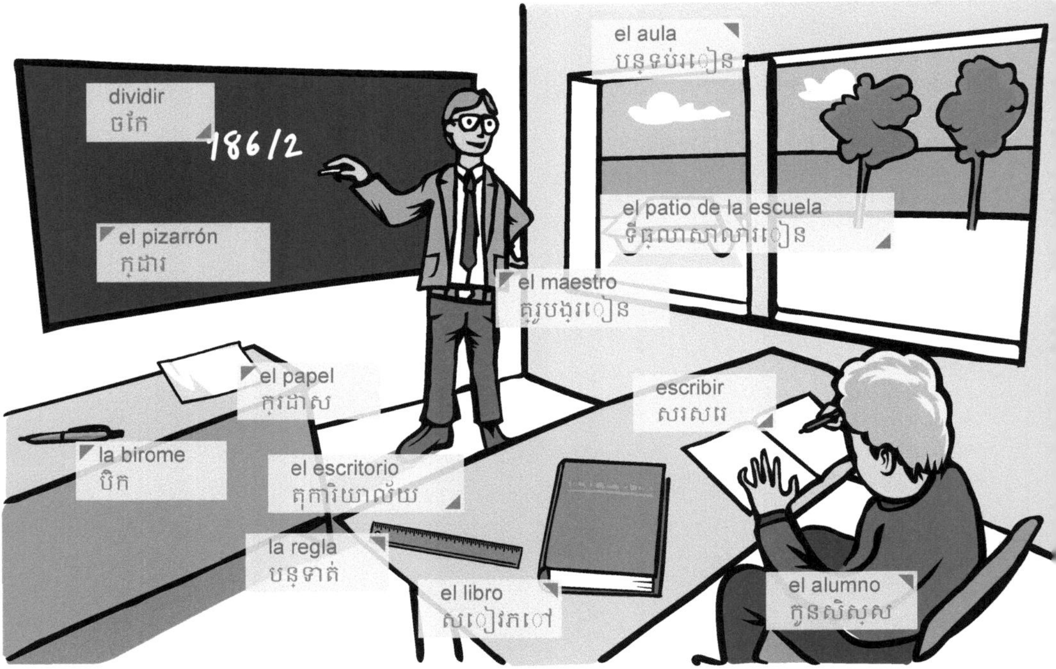
el aula
បន្ទប់រៀន
dividir
ចែក
186/2
el pizarrón
ក្ដារ
el patio de la escuela
ទីធ្លាសាលារៀន
el maestro
គ្រូបង្រៀន
el papel
ក្រដាស
escribir
សរសេរ
la birome
ប៊ិក
el escritorio
តុការិយាល័យ
la regla
បន្ទាត់
el libro
សៀវភៅ
el alumno
កូនសិស្ស

la mochila
សម្ពៀតស្បែក

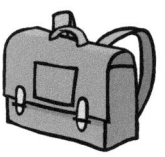

la caja de lápices
ប្រអប់ដាក់ខ្មៅដៃ

el lápiz
ខ្មៅដៃ

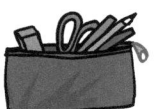

el sacapuntas
ប្រដាប់ខួងខ្មៅដៃ

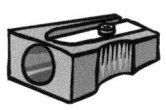

la goma (de borrar)
ជ័រលុប

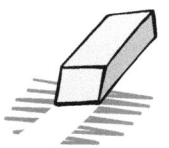

el bloc de dibujo
ផ្ទាំងគំនូរ

el dibujo

គំនូរ

el pincel

ជក់គូរ

la caja de pinturas

ប្រអប់ថ្នាំលាប

la tijera

កន្ត្រៃ

el pegamento

ការបិទ

el cuaderno de ejercicios

សៀវភៅតេស្តលំហាត់

la tarea

កិច្ចការផ្ទះ

el número

លេខ

sumar

បូក

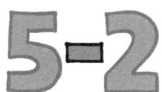

restar

ដក

multiplicar

គុណ

calcular

គណនា

la letra

លិខិត

la letra
el abecedario

អក្ខរក្រម

la palabra

ពាក្យ

el texto

អត្ថបទ

leer

អាន

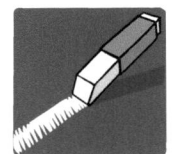

la tiza

ដីស

la lección

មេរៀន

el cuaderno de clase

ចុះឈ្មោះ

el examen

ការប្រលង

el certificado

វិញ្ញាបនបត្រ

el uniforme escolar

ឯកសណ្ឋានសាលា

la educación

ការអប់រំ

la enciclopedia

សព្វវចនាធិប្បាយ

la universidad

សាកលវិទ្យាល័យ

el microscopio

មីក្រូទស្សន៍

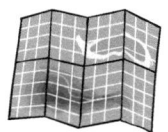

el mapa

ផែនទី

el tacho (de basura)

កន្ត្រកដាក់សំរាមកូរដោស

el viaje
ការធ្វើដំណើរ

el hotel
សណ្ឋាគារ
Grand
el hostel
សណ្ឋាគារក្មេង
la casa de cambio
ការិយាល័យប្តូរប្រាក់
EXCHANGE
la valija
វ៉ាលី
el auto
រថយន្ដ

el idioma

ភាសា

sí / no

បាទ / ទេ

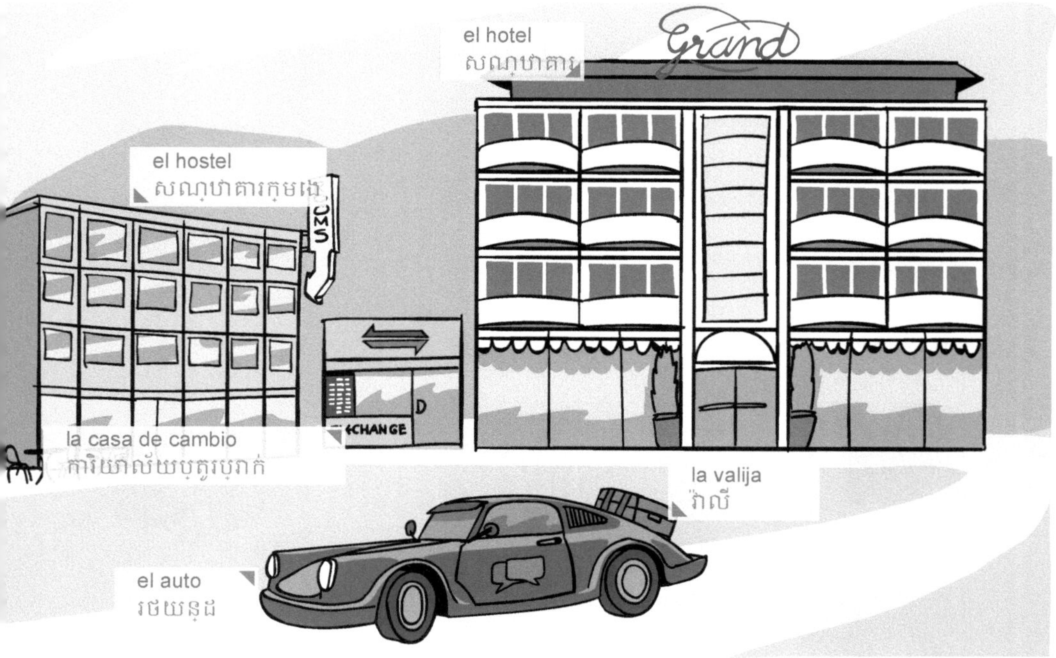

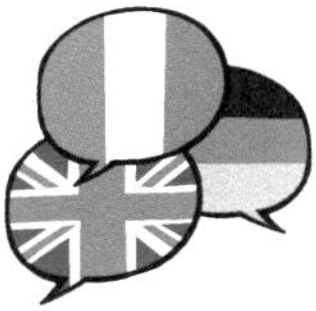

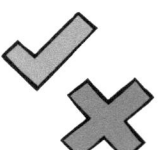

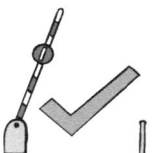

Está bien

យល់ព្រម

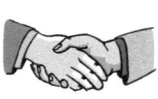

hola

សាយ័ន្តសួស្តី!

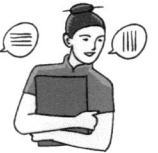

el traductor

អ្នកបកប្រែ

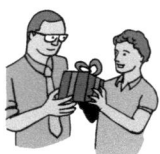

Gracias

សូមអរគុណ

¿cuánto cuesta…?

ចូលប៉ុន្មាន… ?

No entiendo

ខ្ញុំមិនយល់

el problema

បញ្ហា

¡Buenas tardes!

ទិវាសួស្តី!

¡Buenos días!

អរុណសួស្តី

¡Buenas noches!

រាត្រីសួស្តី!

el adiós

លាហើយ

la dirección

ទិសដៅ

el equipaje

អវាន់

el bolso

កាបូប

la mochila

កាបូបស្ពាយកុរោយ

el invitado

ភ្ញៀវ

la habitación

បន្ទប់

la bolsa de dormir

ថង់ដេក

la carpa

តង់

la información turística

ព័ត៌មានទេសចរណ៍

la playa

ឆ្នេរ

la tarjeta de crédito

កាតឥណទាន

el desayuno

អាហារពេលព្រឹក

el almuerzo

អាហារថ្ងៃត្រង់

la cena

អាហារពេលល្ងាច

el pasaje

សំបុត្រ

el ascensor

ជណ្តើរយន្ត

el sello

តែម

la frontera

ព្រំដែន

la aduana

គយ

la embajada

ស្ថានទូត

la visa

ទិដ្ឋាការ

el pasaporte

លិខិតឆ្លងដែន

el transporte
ការដឹកជញ្ជូន

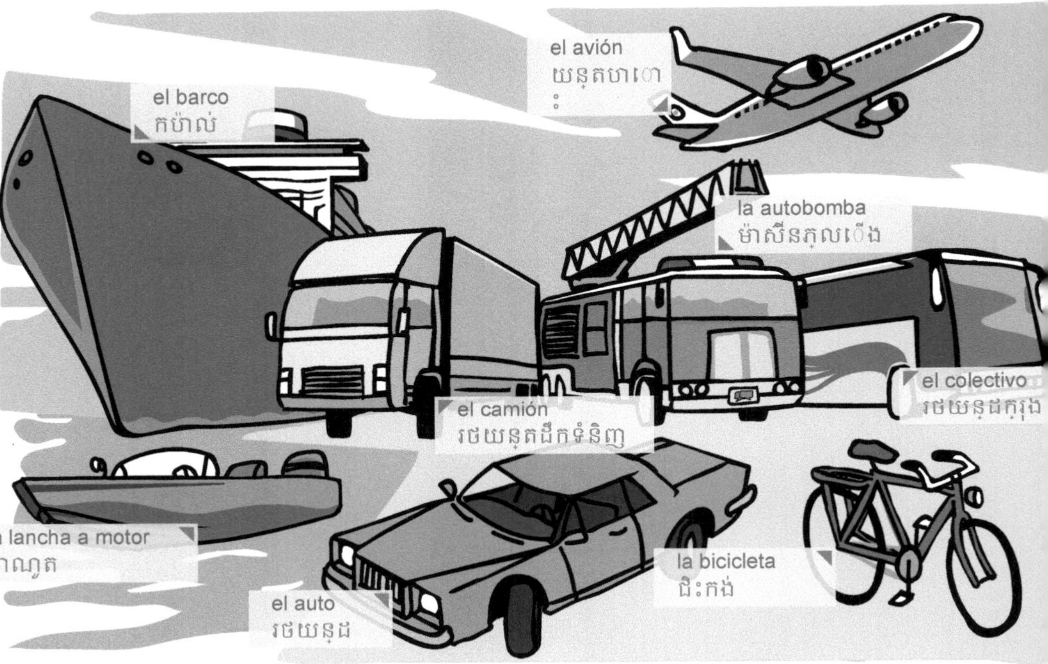
el avión
យន្តហោះ
el barco
កប៉ាល់
la autobomba
ម៉ាស៊ីនភ្លើង
el colectivo
រថយន្តក្រុង
el camión
រថយន្តដឹកទំនិញ
la lancha a motor
កាណូត
la bicicleta
ជិះកង់
el auto
រថយន្ត

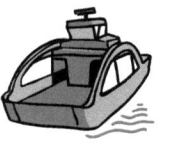

el ferry
សាឡាង

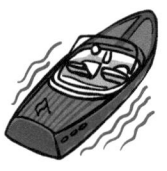

el bote
ទូក

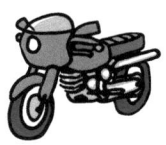

la moto
ម៉ូតូ

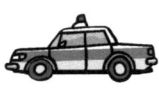

el patrullero
រថយន្តប៉ូលិស

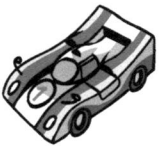

el auto de carreras
រថយន្តប្រណាំង

el auto de alquiler
រថយន្តជួល

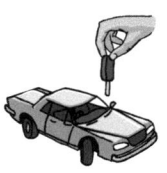

el alquiler de autos
ការជួលលក់លក់រថយន្ត

la grúa
ឡានសុទ្ទច

el camión de la basura
ឡានបុរមួលសំរាម

el motor
ម៉ូទ័

la nafta
បុរេងឥន្ទន:

la estación de servicio
សុថានីយបុរេង

la señal de tránsito
សុលាកសញ្ញាចរាចរណ៍

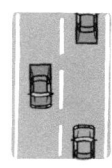

el tránsito
ការចរវ៉ាចរាចរណ៍

el embotellamiento
កកសុទ្ទ:ចរាចរណ៍

el estacionamiento
ចំណត

la estación de tren
សុថានីយរថភ្លើង

las vías
ផ្លូវដៃកែ

el tren
រថភ្លើង

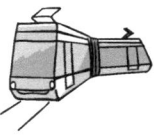

el tranvía
រថអគ្គីសនី

el vagón
ទូរថភ្លើង

el transporte - ការដឹកជញ្ជូន

9

el helicóptero

ឧទ្ធម្ភាគចក្រ

el aeropuerto

ព្រលានយន្តហោះ

la torre

ប៉ម

el pasajero

អ្នកដំណើរ

el contenedor

កុងតឺន័រ

la caja de cartón

ករដាសកាតុង

la carretilla

រទេះ

la canasta

កញ្ចប់

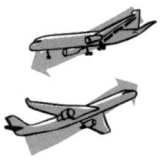

despegar / aterrizar

ហោះឡើង / ចុះ

la ciudad
ទីក្រុង

el pueblo

ភូមិ

el centro de la ciudad

កណ្តាលទីក្រុង

la casa

ផ្ទះ

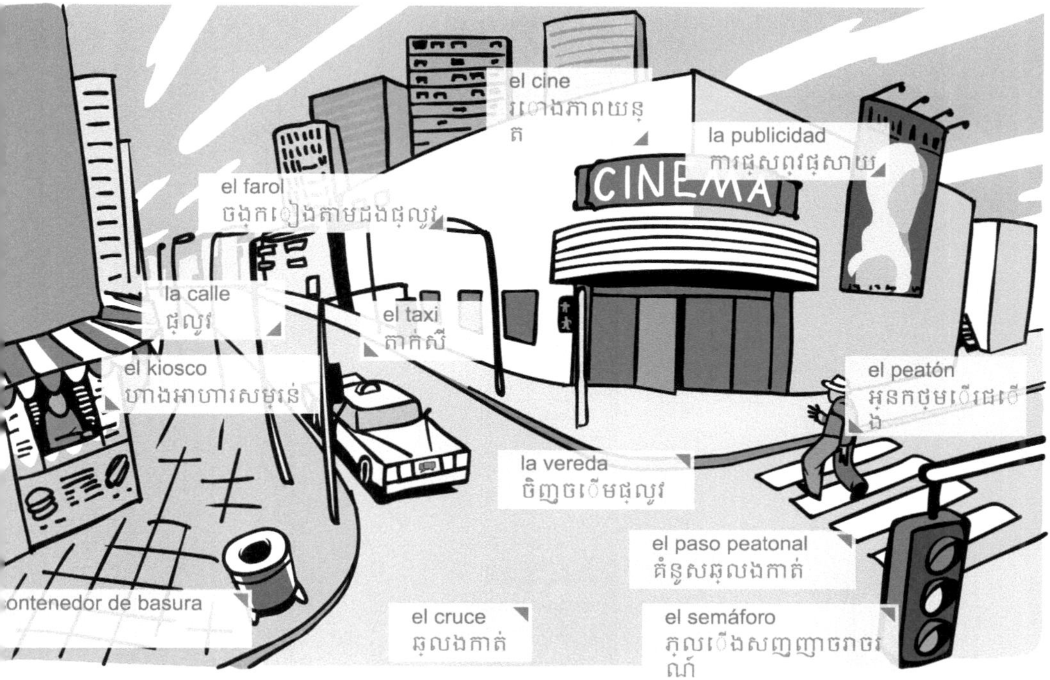

el cine
រោងភាពយន្ត
la publicidad
ការផ្សព្វផ្សាយ
CINEMA
el farol
ចង្កៀងតាមដងផ្លូវ
la calle
ផ្លូវ
el taxi
តាក់ស៊ី
el kiosco
ហាងអាហារសម្រន់
el peatón
អ្នកថ្មើរជើង
la vereda
ចិញ្ចើមផ្លូវ
el paso peatonal
គំនូសឆ្លងកាត់
ontenedor de basura
el cruce
ឆ្លងកាត់
el semáforo
ភ្លើងសញ្ញាចរាចរណ៍

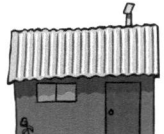

la cabaña

ខ្ទម

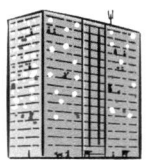

el departamento

ផ្ទះល្វែង

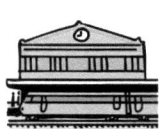

la estación de tren

ស្ថានីយរថភ្លើង

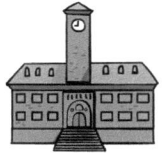

la municipalidad

សាលាក្រុង

MUSEUM

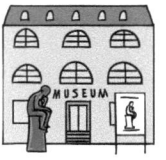

el museo

សារមន្ទីរ

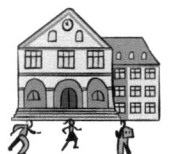

el colegio

សាលារៀន

la universidad

សាកលវិទ្យាល័យ

el banco

ធនាគារ

el hospital

មន្ទីរពេទ្យ

el hotel

សណ្ឋាគារ

la farmacia

ឱសថស្ថាន

la oficina

ការិយាល័យ

la librería

ហាងលក់សៀវភៅ

el negocio

ហាង

la florería

ហាងផ្កា

el supermercado

ផ្សារទំនើប

el mercado

ទីផ្សារ

las grandes tiendas

ហាងទំនិញ

la pescadería

ហាងលក់ត្រី

el centro comercial

មជ្ឈមណ្ឌលផ្សារទំនើ
ប

el puerto

កំពង់ផែ

el parque

ឧទ្យាន

el banco

បង្គ់

el puente

ស្ពាន

las escaleras

ជណ្ដើរ

el subte

ផ្លូវក្រោមដី

el túnel

ផ្លូវរូងក្រោមដី

la parada del colectivo

ចំណតរថយន្តក្រុង

el bar

បារ

el restaurante

ភោជនីយដ្ឋាន

el buzón

ប្រអប់សំបុត្រ

el letrero

សញ្ញាតាមដងផ្លូវ

el parquímetro

ឧបករណ៍ប្រមូលថ្លៃចំណត

el zoológico

សួនសត្វ

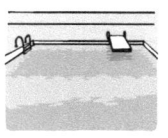

la pileta

អាងហាលែទឹក

la mezquita

វិហារអ៊ីស្លាម

la granja
កសិដ្ឋាន

la contaminación
ការបំពុល

el cementerio
វាលកប់ខ្មោច

la iglesia
ព្រះវិហារ

los juegos infantiles
គ្រឿងរៀងអឺលកុមារេលេង

el templo
បុរាសាទ

el paisaje
ទេសភាព

la hoja
ស្លឹក

el poste indicador
សញ្ញាមុកប់ទិសដៅ

el camino
ផ្លូវ

la pradera
វាលស្មៅ

la piedra
ដុំថ្ម

el árbol
ដើមឈើ

el excursionista
អ្នកឡើងភ្នំ

el río
ទន្លេ

la hierba
ស្មៅ

la flor
ផ្កា

el valle

ជ្រលងភ្នំ

la montaña

ក្បួនភ្នំ

el lago

បឹង

el bosque

ព្រៃឈើ

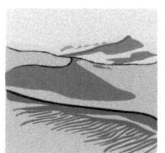

el desierto

វាលខ្សាច់

el volcán

ភ្នំភ្លើង

el castillo

គ្រោកប្រើ

el arco iris

ឥន្ទធនូ

el champiñón

ផ្សិត

la palmera

ដើមត្នោត

el mosquito

មូស

la mosca

រុយ

la hormiga

ស្រមោច

la abeja

សត្វឃ្មុំ

la araña

ពីងពាង

el escarabajo

សត្វកញ្ចៅ

la rana

កង្កែប

la ardilla

កំប្រុក

el erizo

សត្វកាំបុរមា

la liebre

ទន្សាយសុល័ក

la lechuza

សត្វទីទុយ

el pájaro

បក្សី

el cisne

ហង្ស

el jabalí

ជ្រូក

el ciervo

សត្វក្តាន់

el alce

សត្វក្តាន់

la presa

ទំនប់

el aerogenerador

កង្ហារខ្យល់

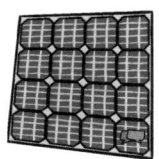

el panel solar

បន្ទះស្សួឡា

el clima

អាកាសធាតុ

el restaurante
ភោជនីយដ្ឋាន

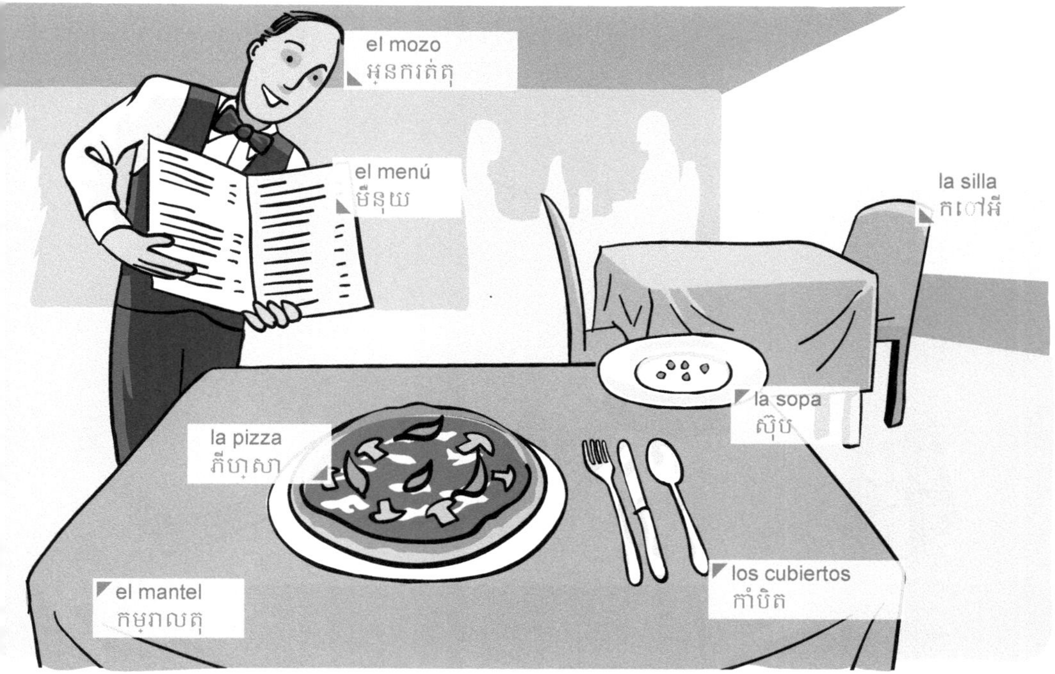

el mozo
អ្នករត់តុ
el menú
មីនុយ
la silla
កៅអី
la sopa
ស៊ុប
la pizza
ភីហ្សា
el mantel
កម្រាលតុ
los cubiertos
កាំបិត

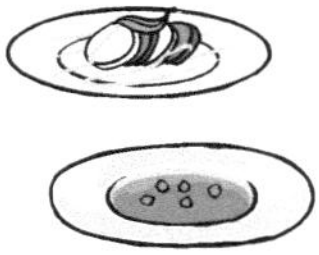

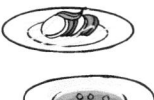

la entrada
....
អាហារសម្រន់

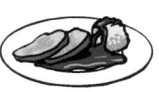

el plato principal
....
អាហារសំខាន់

el postre
....
បង្អែម

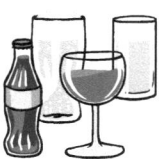

las bebidas
....
ភេសជ្ជៈ

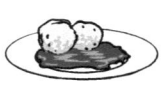

la comida
....
អាហារ

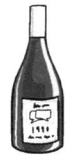

la botella
....
ដប

la comida rápida

អាហាររហ័ស

la comida callejera

អាហារតាមផ្លូវ

la tetera

ម៉ាន់តែ

la azucarera

ប្រអប់ស្ករ

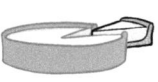

la porción

ចំណិតកែ

la cafetera expreso

ម៉ាស៊ីនឆុងកាហ្វេអ៊ិចស្ព្រេស្ស

la sillita alta

កៅអីខ្ពស់

la cuenta

វិក្កយបត្រ

la bandeja

ថាស

el cuchillo

កាំបិត

el tenedor

សម

la cuchara

ស្លាបព្រា

la cucharita

ស្លាបព្រាកាហ្វេ

la servilleta

កន្សែងជូតខ្លួន

el vaso

កវ

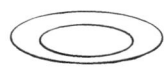

el plato

ចានទាប

el plato hondo

ចានស៊ុប

el plato

ចានទុរនាប់

la salsa

ទឹកជ្រលក់

el salero

ដបអំបិល

el molinillo de pimienta

ប្រដាប់កិនម្រេច

el vinagre

ទឹកខ្មេះ

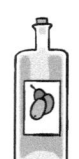

el aceite

ប្រេង

las especias

គ្រឿងទេស

el kétchup

ទឹកប៉េងប៉ោះ

la mostaza

ម៉ូតាក

la mayonesa

ទឹកមយ៉ាណេ

el supermercado
ផ្សារទំនើប

la oferta especial
ការផ្តល់ជូនពិសេស
FOR
el cliente
អតិថិជន
los lácteos
ទឹកដោះគោ
la fruta
ផ្លែឈើ
el changuito
រទេះរុញ

BUTCHERS

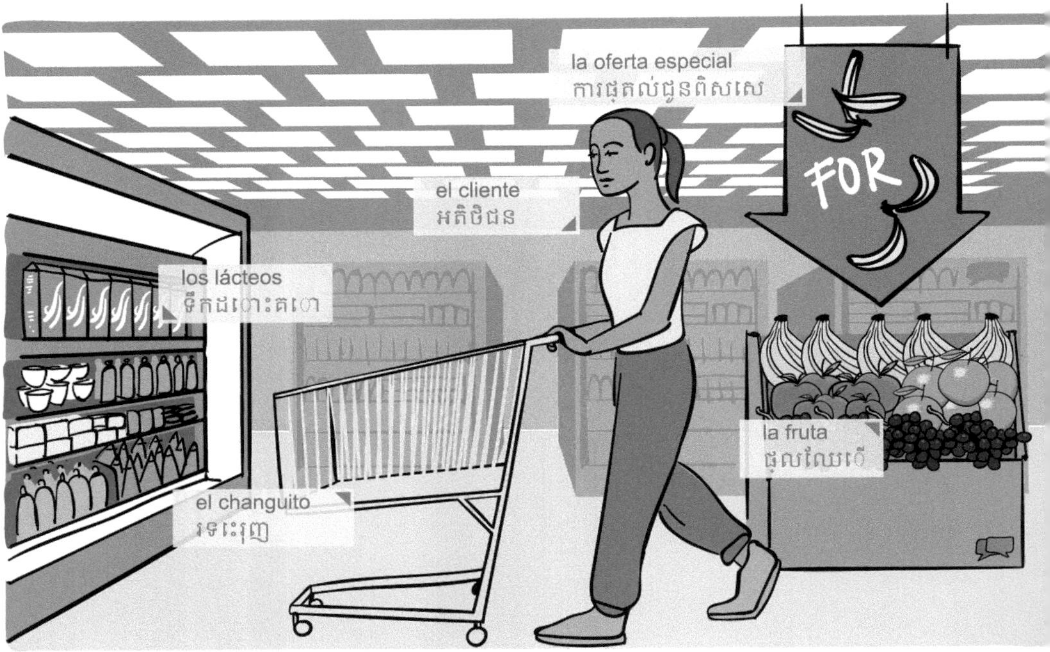

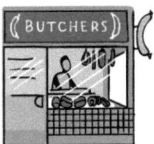

la carnicería

ហាងកាប់ជ្រូក

BAKERY

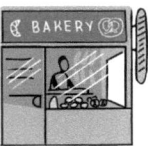

la panadería

ហាងដុតនំ

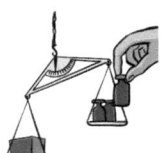

pesar

ថ្លឹង

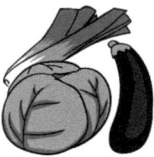

las verduras

បន្លែ

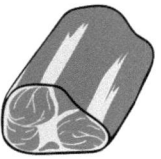

la carne

សាច់

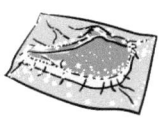

los alimentos congelados

អាហារកុលាស្សេ

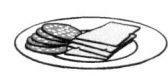
los fiambres
សាច់ក្រឡាសរ

los alimentos enlatados
អាហារកំប៉ុង

el detergente en polvo
ម្សៅបោកខោអាវ

las golosinas
សុអរតុរាប់

los electrodomésticos
ផលិតផលក្នុងគ្រួសារ

los productos de limpieza
ផលិតផលសម្អាត

la vendedora
អ្នកលក់

la caja
ថតដាក់លុយ

el cajero
បង្គោ

la lista de compras
បញ្ជីទិញទំនិញ

el horario de atención
ម៉ោងធ្វើការ

la billetera
កាបូបលុយបុរស

la tarjeta de crédito
កាតឥណទាន

la cartera
ថង់

la bolsa de plástico
ថង់ប្លាស្ទិច

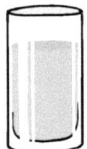

el agua

ទឹក

el jugo

ទឹកផ្លែឈើ

la leche

ទឹកដោះគោ

la bebida cola

កូកាកូឡា

el vino

ស្រា

la cerveza

ស្រាបៀរ

el alcohol

គ្រឿងស្រវឹង

el cacao

កាកាវ

el té

តែ

el café

កាហ្វេ

el café expreso

កាហ្វេអេឹចស្ពូរស្សូ

el cappuccino

កាហ្វេកោពូឈីណូ

la banana

ចេក

la manzana

ផ្លែប៉ោម

la naranja

ផ្លែក្រូច

el melón

ឪឡឹក

el limón

ក្រូចឆ្មា

la zanahoria

ការ៉ុត

el ajo

ខ្ទឹម

el bambú

ប្ពុស្ស៊ី

la cebolla

ខ្ទឹមបារាំង

el champiñón

ផ្សិត

las nueces

គ្រាប់ផ្លែឈើ

los fideos

មី

los tallarines

មីអ៊ីតាលី

el arroz

បាយ

la ensalada

សាឡាត់

las papas fritas

ដំឡូងចៀន

las papas fritas

ដំឡូងចៀន

la pizza

ភីហ្សា

la hamburguesa

បឺហ្គឺ

el sándwich

សាំងវិច

el churrasco

សាច់ជាប់ឆ្អឹងជំនី

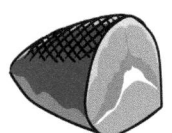

el jamón

ហាំ

el salame

សាឡាម៉ែ

la salchicha

សាច់ក្រក

el pollo

សាច់មាន់

el asado

អាំង

el pescado

ត្រី

los copos de avena

អាវ៉ែនបបរ

el muesli

មុឃ្លិសុលី

los copos de maíz

ដំឡូងចំណិត

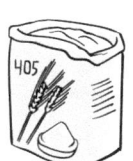

la harina

មុសរៅ

la medialuna

នំគ្រូសង់

el pancito

នំប៉័ងមុយ៉ាងមូលតូចៗ

el pan

នំប៉័ង

la tostada

អាំង

las galletitas

នំប៊ីស្គីី

la manteca

បឺរ

la cuajada

ទឹកដោះខាប់

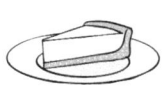

la torta

នំខេក

el huevo

ស៊ុត

el huevo frito

ស៊ុតចៀន

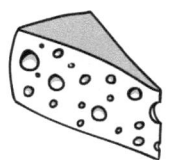

el queso

ឈីស

el helado

ការ៉េម

el azúcar

ស្ករ

la miel

ទឹកឃ្មុំ

la mermelada

ជ័ណាប់

la pasta de chocolate

ក្រមៃតាំងម៉ាវ៉េ

el curry

ការី

la granja
ផ្ទះក្នុងកសិដ្ឋាន

el granero
ជង្រុក

el fardo de paja
ខ្សែចងចម្បើង

el campo
វាលស្រែ

el caballo
សេះ

el remolque
រថសណ្ដុងទោង

el potrillo
កូនសេះ

el tractor
ត្រាក់ទ័រ

el burro
សត្វលា

el cordero
កូនចៀម

la oveja
សត្វចៀម

la cabra
ពពែ

la vaca
គោញី

el ternero
កូនគោ

el cerdo
ជ្រូក

el lechón
កូនជ្រូក

el toro
គោឈ្មោល

el ganso
សត្វក្ងាន

el pato
ទា

el pollo
កូនមាន់

la gallina
មមោន់

el gallo
មាន់ឈ្មោល

la rata
កណ្ដុរ

el gato
ឆ្មា

el ratón
កណ្ដុរប្អូរមេះ

el buey
គោឈ្មោល

el perro
ឆ្កែ

la cucha
ផ្ទះឆ្កែ

la manguera
ទុយោទឹក

la regadera
ធុងស្រោចទឹក

la guadaña
ខូវរបក

el arado
នងគ័ល

la granja - កសិដ្ឋាន

la hoz

កណ្ដៀវ

la azada

ចបកាប់

la horquilla

រនាស់

el hacha

ពូថៅ

la carretilla

រទេះរុញ

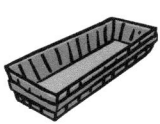

el abrevadero

សុន្ទក

la lechera

កំប៉ុងទឹកដោះគោ

la bolsa

ហារ

la reja

របង

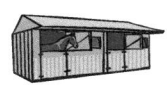

el establo

កូរៅល

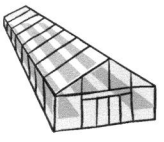

el invernadero

ផ្ទះកញ្ចក់

el suelo

ដី

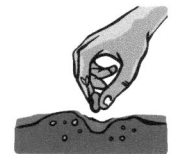

la semilla

គ្រាប់ពូជ

el fertilizador

ជី

la cosechadora

ម៉ាស៊ីនច្រូតមួលផល

la granja - កសិដ្ឋាន

cosechar

បុរមួលផល

la cosecha

ការបុរមួលផល

las batatas

ដំឡូងជុក

el trigo

ស្រូវសាលី

la soja

សណ្ដែកសៀង

la papa

ដំឡូងជុក

el maíz

ពោត

la semilla de colza

គ្រាប់បុរងវៃ

el árbol frutal

ដេីមឈេីហ្វូបផុលវៃ

la mandioca

ដំឡូងមី

los cereales

ធញ្ញជាតិ

ផ្ទះ៖

la chimenea
បំពង់ផ្សែង

el techo
ដំបូល

el caño de desagüe
ទរបង្ហូរទឹក

la ventana
បង្អួច

el garaje
ហ្គារ៉ាស

el timbre
កណ្ដឹងទ្វារ

la puerta
ទ្វារ

el tacho de basura
ធុងសំរាម

el buzón
ប្រអប់សំបុត្រ

el jardín
សួនច្បារ

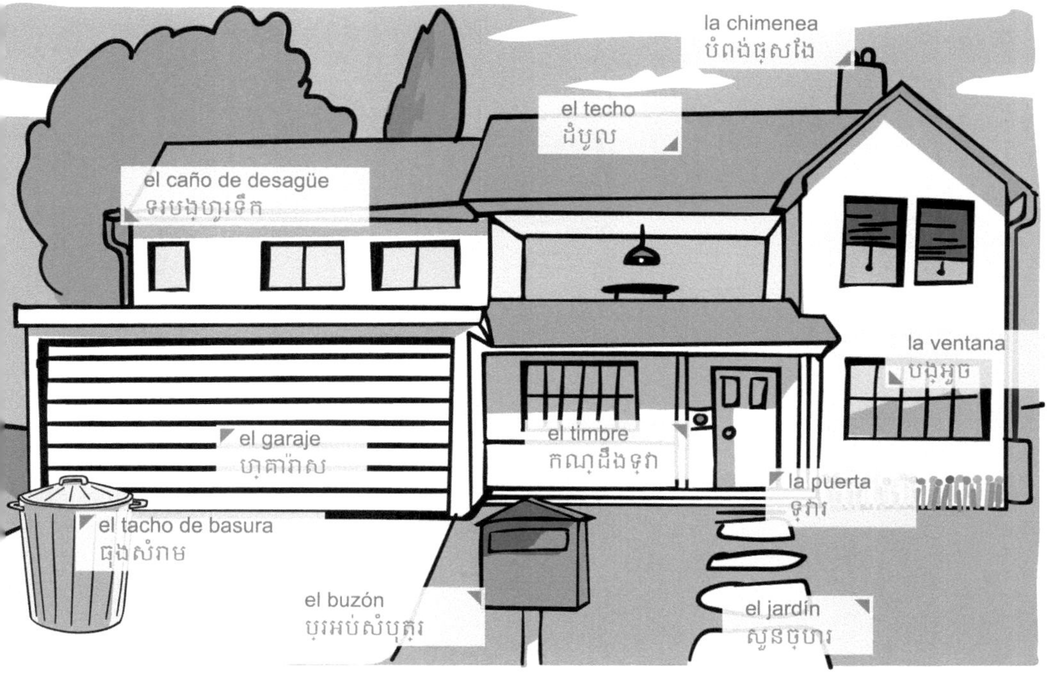

el living
បន្ទប់ទទួលភ្ញៀវ

el baño
បន្ទប់ទឹក

la cocina
ផ្ទះបាយ

el dormitorio
បន្ទប់គេង

el cuarto de los chicos
បន្ទប់របស់កុមារ

el comedor
បន្ទប់ទទួលទានអាហារ

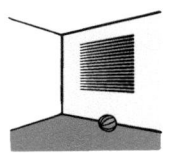

el piso

ជាន់

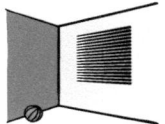

la pared

ជញ្ជាំង

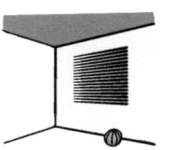

el cielorraso

ពិដាន

el sótano

បន្ទប់ក្រោមដី

el sauna

សូណា

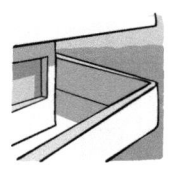

el balcón

យ៉ែរ

la terraza

ផ្ទៃរៃបស្មុមរៀនទៅជមុរាល
ភ្នំ

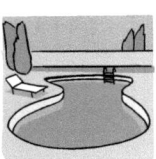

la pileta

អាងហាលែទឹក

la cortadora de pasto

ម៉ាស៊ីនកាត់សុមទៅ

la sábana

សន្លឹក

el acolchado

កម្រាលគ្រូដែរកេ

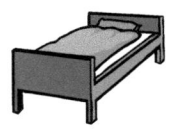

la cama

គ្រូរៃ

la escoba

អំបទោស

el balde

ធុង

el interruptor

កុងតាកិ

el living
បន្ទប់ទទួលភ្ញៀវ

el empapelado
ផ្ទាំងរូបភាព
la imagen
រូបភាព
la lámpara
ចង្កៀង
el estante
ធ្នើ
el armario
ទូដាក់ចាន
la televisión
ទូរទស្សន៍
la chimenea
ជើងក្រានកម្ដៅផ្ទះ
la flor
ផ្កា
el almohadón
ខ្នើយ
el sofá
សាឡុង
el florero
ថូ
el control remoto
ការបញ្ជាពីចម្ងាយ

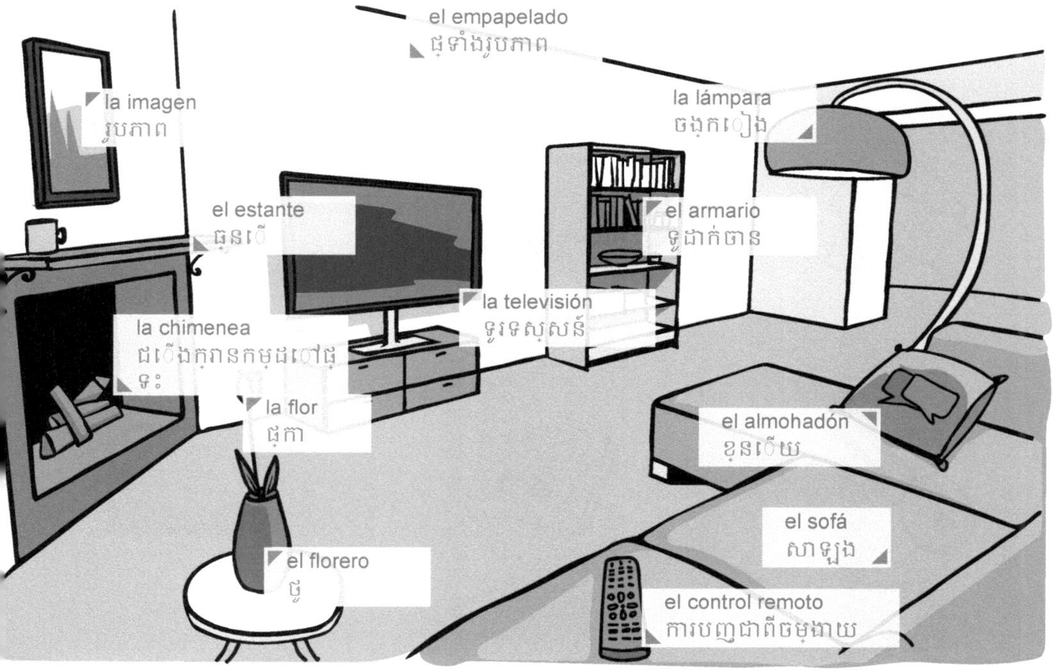

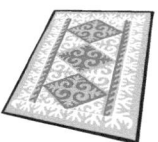

la alfombra
កម្រាលព្រំ

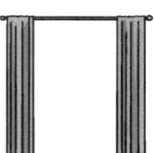

la cortina
វាំងនន

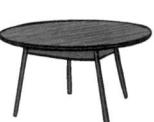

la mesa
តុ

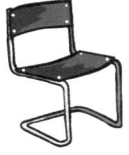

la silla
កៅអី

la mecedora
កៅអីប៉ាក់បើក

el sillón
កៅអីភ្នាក់ដៃ

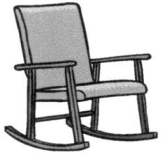

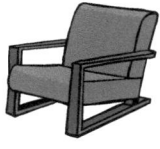

el libro

សៀវភៅទៅ

la frazada

ភួយ

la decoración

ការតុបតែង

la leña

អុសដុត

la película

ខ្សែភាពយន្ត

el equipo de música

ឧបករណ៍ Hi-Fi

la llave

កូនសោ

el diario

កាសែត

la pintura

គំនូរ

el póster

ផ្ទាំងរូបភាព

la radio

វិទ្យុ

el cuaderno

ណុតផតេ

la aspiradora

ម៉ាស៊ីនបូមធូលី

el cactus

ដំបងយក្ស

la vela

ទៀន

la cocina
ផ្ទះបាយ

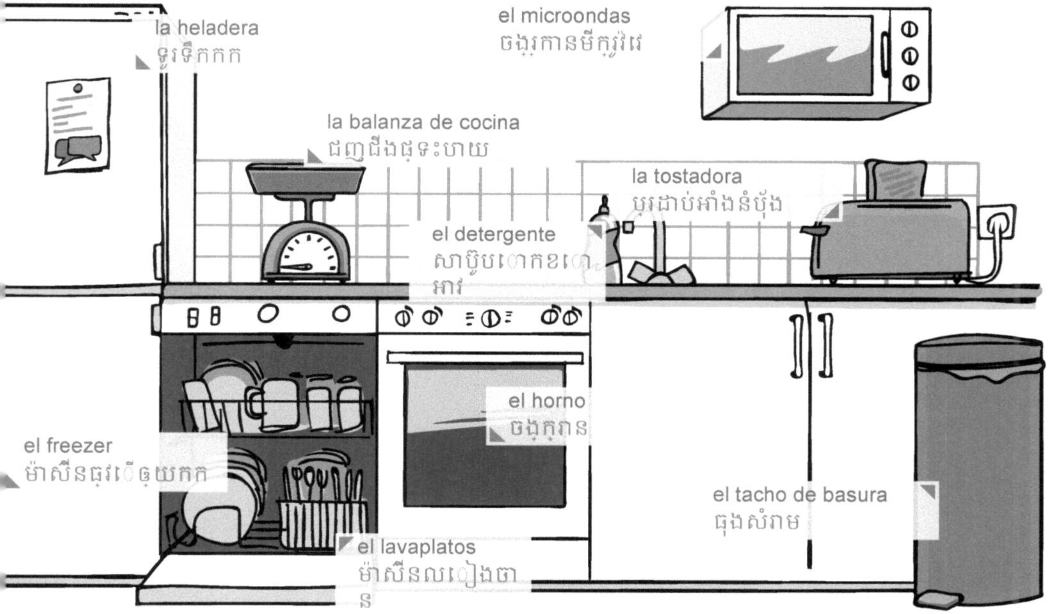
la heladera
ទូរទឹកកក
el microondas
ចង្ក្រានមីក្រូវេវ
la balanza de cocina
ជញ្ជីងផ្ទះបាយ
la tostadora
ប្រដាប់អាំងនំប៉័ង
el detergente
សាប៊ូបោកខោអាវ
el horno
ចង្ក្រាន
el freezer
ម៉ាស៊ីនធ្វើទឹកកក
el tacho de basura
ធុងសំរាម
el lavaplatos
ម៉ាស៊ីនលាងចាន

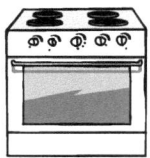

la cocina

ចង្ក្រាន

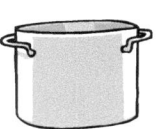

la olla

ឆ្នាំង

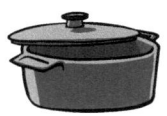

la olla de hierro fundido

ឆ្នាំងដែក

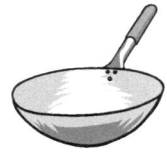

el wok

ខ្ទះ / ខ្ទះឥណ្ឌា

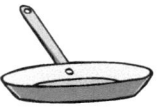

la sartén

ខ្ទះ

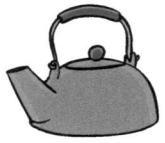

la pava

កំសៀវ

la vaporera

ធុននាំងចំហុយ

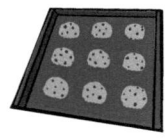

la bandeja de horno

ថាសដុតនំ

la vajilla

គ្រឿងចានធ្នាំងដី

la taza

ថ្វ

el bol

ចានគ្រោម

los palitos

ចង្កឹះ

el cucharón

វែកសមុល

la espátula

វែកកូរ

la batidora

ប្រដាប់វាយក្រវ៉ុក

el colador

តម្រង

el colador

កន្ត្រង

el rallador

ប្រដាប់កោសដូង

el mortero

គ្រហាល

la parrilla

ការអាំងសាច់

la fogata

ចង្ក្រានចំហ

la tabla de picar
ជុងវញ្ញ

el palo de amasar
បុរដោប់កិនមួរ

el sacacorchos
បុរដោប់មួរបេ៏កឆ្នុកសុរា

la lata
កំប៉ុង

el abrelatas
បុរដោប់បេ៏កកំប៉ុង

la manopla
កុរណាត់ទុរាប់ឆ្នាំង

la pileta
កនុលផៃលាងចាន

el cepillo
ជក់

la esponja
អប៉ុង

la batidora
ម៉ាស៊ីនកុរឡ្បុក

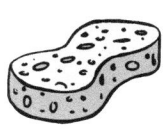

el congelador
ទូទ៍កកខ្ជាត់ត្លូច

la mamadera
ដបទ៍កដបោះគបោ

la canilla
រ៉ូប៊ីណាវ

el baño
បន្ទប់ទឹក

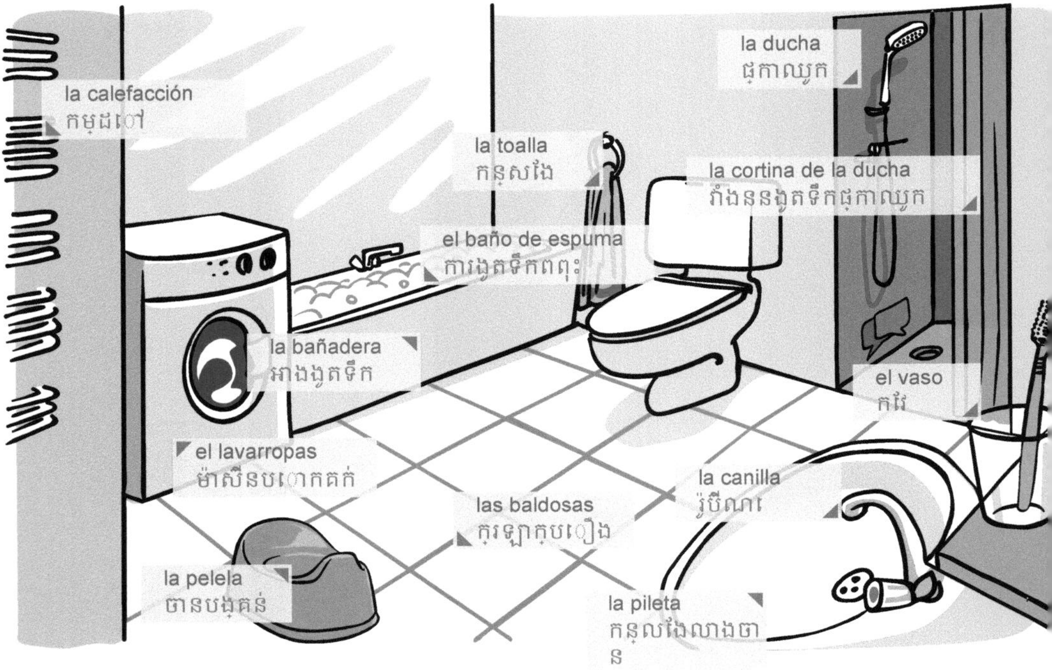
la calefacción
កម្ដៅ
la toalla
កន្សែង
la ducha
ផ្កាឈូក
la cortina de la ducha
វាំងននងូតទឹកផ្កាឈូក
el baño de espuma
ការងូតទឹកពពុះ
la bañadera
អាងងូតទឹក
el vaso
កែវ
el lavarropas
ម៉ាស៊ីនបោកគក់
la canilla
រ៉ូប៊ីណេ
las baldosas
ក្រឡាក្បឿង
la pelela
ចានបង្គន់
la pileta
កន្លែងលាងចាន

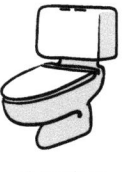

el inodoro
បង្គន់

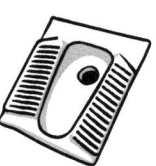

la letrina
បង្គន់អង្គុយ

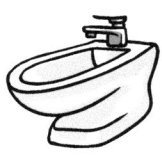

el bidé
ផើងជម្រះកាយ

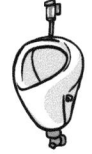

el mingitorio
ក្លាំទឹកនោម

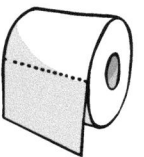

el papel higiénico
ក្រដាសបង្គន់

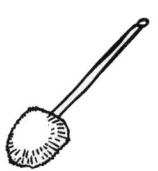

el cepillo para el inodoro
ច្រាសដុសបង្គន់ន

el cepillo de dientes

ច្រាសដុសធ្មេញ

el dentífrico

ថ្នាំដុសធ្មេញ

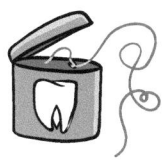

el hilo dental

ខ្សែទាក់សម្អាតធ្មេញ

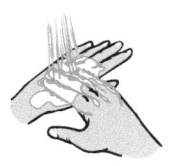

lavar

លាង

la ducha de mano

បុរដោបដាក់ដៃផ្កាឈូក

la ducha higiénica

ទឹកថ្នាំសម្រាប់បាញ់លាង

la palangana

អាង

el cepillo para la espalda

ច្រាសដុសខ្នង

el jabón

សាប៊ូ

el gel de ducha

ឈ្លសម្រាប់ងូតទឹកផ្កាឈូក
ក

el shampoo

សាប៊ូ

la toallita

សកុលាត

el desagüe

បំពង់បង្ហូរទឹក

la crema

ក្រមែ

el desodorante

ថ្នាំបំបាត់ក្លិនអាក្រក់

el espejo

កញ្ចក់

el espejito

កញ្ចក់ដៃ

la maquinita de afeitar

បុរដោបក[ពរ

la espuma de afeitar

ហ្វូមក[ពរពុកមាត់

el aftershave

ទឹកលាងក្រ[ពយក[ពរពុកម
១ត់រួច

el peine

ក្រវស

el cepillo

ជក់

el secador de pelo

បុរដោប់សមុងួតសក់

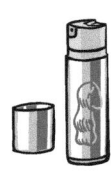

el spray

ស្ព្រាយបហាញ់សក់

el maquillaje

ការតុបតែងមុខ

el lápiz de labios

ក្រមៃលាបមាត់

el esmalte para uñas

ថ្នាំលាបក្រចក

el algodón

រ[ពមកបុបាស

la tijera para uñas

កន្ត្រ[កាតក្រចក

el perfume

ទឹកអប់

el portacosméticos

កាបូបប្រ ាក់គត់កំ

la banqueta

ណាមក

la balanza

ជញ្ជីងថ្លឹងទម្ងន់

la bata

អាវពាក់ងូតទឹក

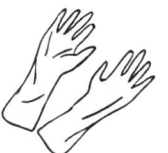

los guantes de goma

ស្រ ោមដៃក ៅស៊ូ

el tampón

ឆ្នុក

la toallita femenina

កន្សែងអនាម័យ

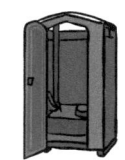

el baño químico

បង្គន់គីមី

el despertador
នាឡិការរោទ៍

el peluche
បុរជាប់កុមងៃអបោបលងៃ

el coche de juguete
ថៃយន្តកុមងៃលងៃ

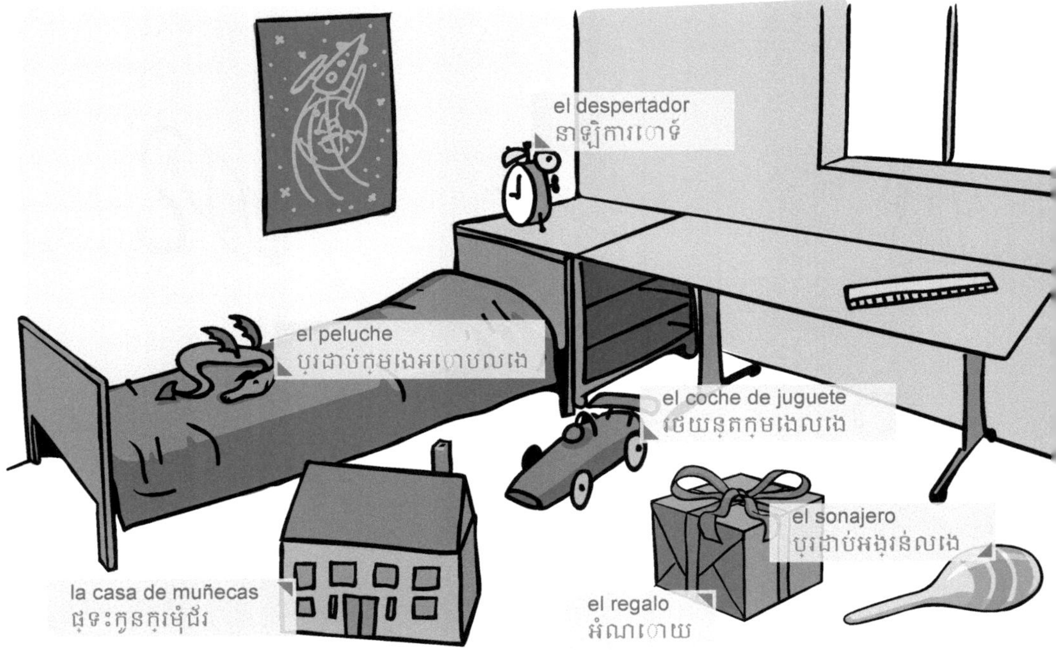

el sonajero
បុរជាប់អង្រនៃលងៃ

la casa de muñecas
ផុទ:ក្លនក្ុម៉ុជឺរ

el regalo
អំណោរោយ

el globo	la cama	el cochecito
	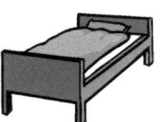	
ប៉ងៃប៉ោង	គុរៃ	រទ:រុញ្ញទារក

las cartas	el rompecabezas	la historieta

ហ្គៃបរៀ	រុបផ្គុំ	កំបុលងៃ

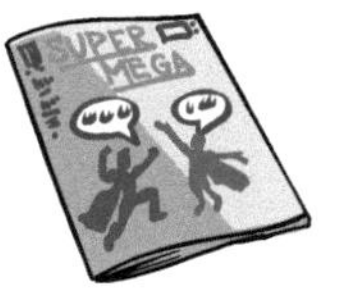

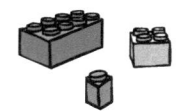

las piezas de lego

ពដុំប Lego

los ladrillos de juguete

ប៊ុលកប៊ូរដោប់ក្មេងលេង

la figura de acción

តុលខេសកម្មភាព

el enterito (de bebé)

ខោអាវទារក

el frisbee

ការគប់ចាស

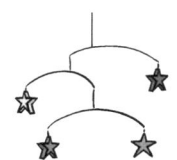

el móvil para bebés

ទូរស័ព្ទដៃ

el juego de mesa

ក្តាលេបងៃ

los dados

តុវាប់ឡ្បកម្លាក់

el tren eléctrico

ឈ្នុតថភ្លេលេងគំរ

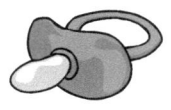

el chupete

របស់ណាក

la fiesta

គណាបកុស

el libro de cuentos ilustrado

សៀវភៅរឿងរូបភាព

la pelota

បាល់

la muñeca

កូនក្រមុំតុក្កតា

jugar

លេង

el arenero
រណ្ដៅទៅខ្សាច់

la hamaca
ទោង

los juguetes
បុរដាប់កុមងេលងេ

la consola de videojuegos
កុងសូលវីដអេូហុតមេ

el triciclo
គ្រីចក្ររយានយន្ត

el osito de peluche
តុក្កតាខ្លាយម៉ុ

el armario
ទូខោអាវ

las medias
ស្រោមជេើង

las medias panty
ស្រោមជេើងវែង

las calzas
ខោទុរនាប់នារី

la bufanda
កូរម៉ា

el paraguas
ឆត្រ

la remera
អាវយឺត

el cinturón
ខ្សែក្រវាត់

las botas
ស្បែកជើងវែងករវ៉ែ
ឌ

las pantuflas
ស្បែកជើងពាក់នៅ
ទេ៖

las zapatillas
ស្បែកជើងបាតា

las sandalias
ស្បែកជើងសង្រែក

los zapatos
ស្បែកជើង

las botas de goma
ស្បែកជើងករវែងករៅស្ទ្រ

la ropa interior
ខោទ្រនាប់បុរស

el corpiño
អាវទ្រនាប់

el chaleco
អាវកាក់

el body

រាងកាយ

los pantalones

ខោវែង

los jeans

ខោខូវបើយ

la pollera

សំពត់

la blusa

អាវក្មេរៅ

la camisa

អាវ

el pulóver

អាវយឺត

el buzo

អាវយឺត

el blazer

អាវធំ

la campera

អាវក្មេរៅ

el tapado

អាវធំ

el piloto

អាវភ្លៀងរៀង

el traje

គុរវៀងតវែង

el vestido

អាវរវែង

el vestido de novia

សំលរៀកបំពាក់អាពាហ៍ពិពា
ហ៍

el traje

ឧបករណ៍ឈុត

el camisón

រូបរាគ្រី

el pijama

ឈុតគេង

el sari

សារី

el pañuelo para la cabeza

កន្សែងផ្ដតក្បាល

el turbante

ឆ្នួត

la burka

សូបម៉ែ្ខ

el caftán

kaftan

la abaya

abaya

el traje de baño

ឈុតហាលែទឹក

el short de baño

ឧបខ្លី

los shorts

ឧបខ្លី

el jogging

ឈុតហាត់កីឡា

el delantal

អាវអៀម

los guantes

ស្រោមដៃ

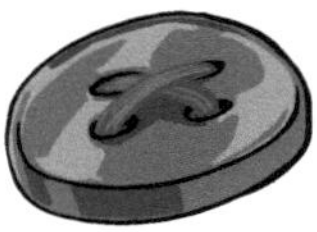

el botón

ឡេវអាវ

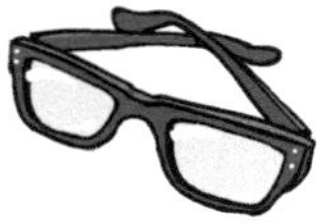

los anteojos

វ៉ែនតា

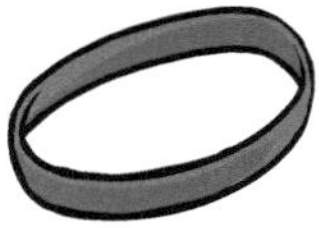

la pulsera

ខ្សែដៃ

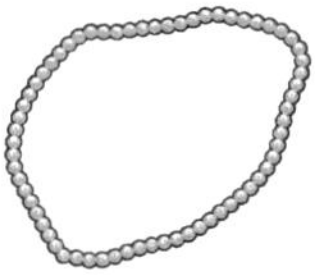

el collar

ខ្សែក

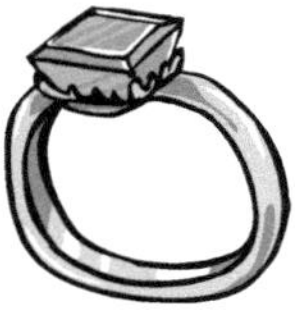

el anillo

ចិញ្ចៀន

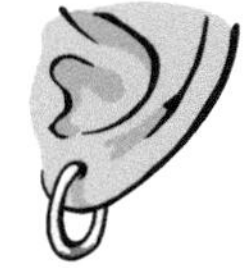

el aro

ក្រវិល

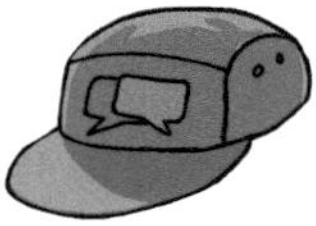

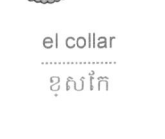

la gorra

មួក

la percha

ប្រដាប់ព្យួរអាវក្រៅ

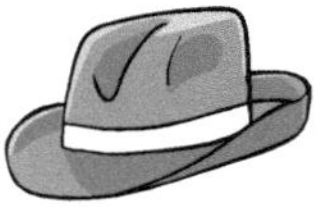

el sombrero

មួក

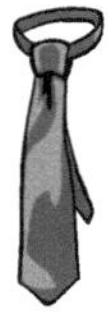

la corbata

ក្រវ៉ាត់ក

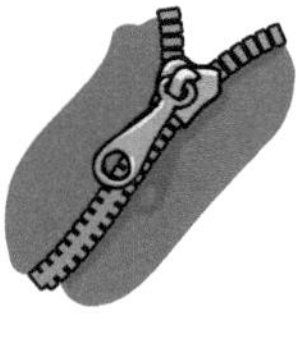

el cierre

រូត

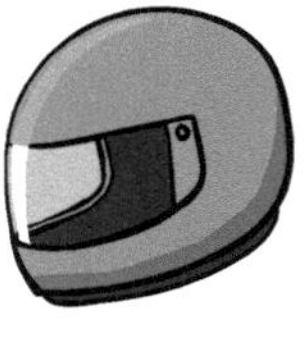

el casco

មួកសុវត្ថិភាព

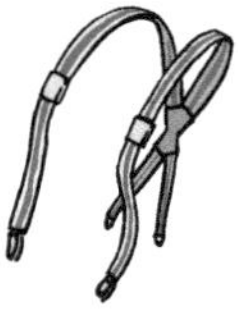

los tiradores

ខ្សែ

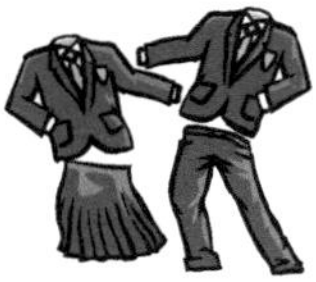

el uniforme escolar

ឯកសណ្ឋានសាលា

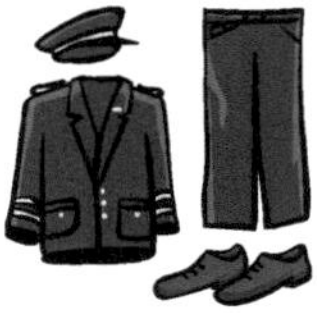

el uniforme

ឯកសណ្ឋាន

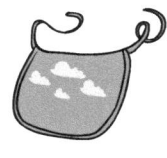

el babero
អៀមទារក

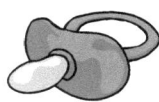

el chupete
រូបសំណាក

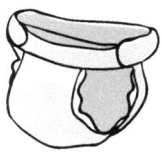

el pañal
ខោទឹកនោម

la oficina
ការិយាល័យ

el servidor
ម៉ាសីនមេ
el archivero
ទូឯកសារ
la impresora
ម៉ាសីនបោះពុម្ព
el papel
ក្រដាស
el monitor
ម៉ូនីទ័រ
el escritorio
តុការិយាល័យ
el mouse
កណ្តុរ
la carpeta
សឹមី
el teclado
ក្តារចុច
el tacho (de basura)
កន្ត្រកដាក់សំរាមក្រដាស
la silla
កៅអី
la computadora
កុំព្យូទ័រ

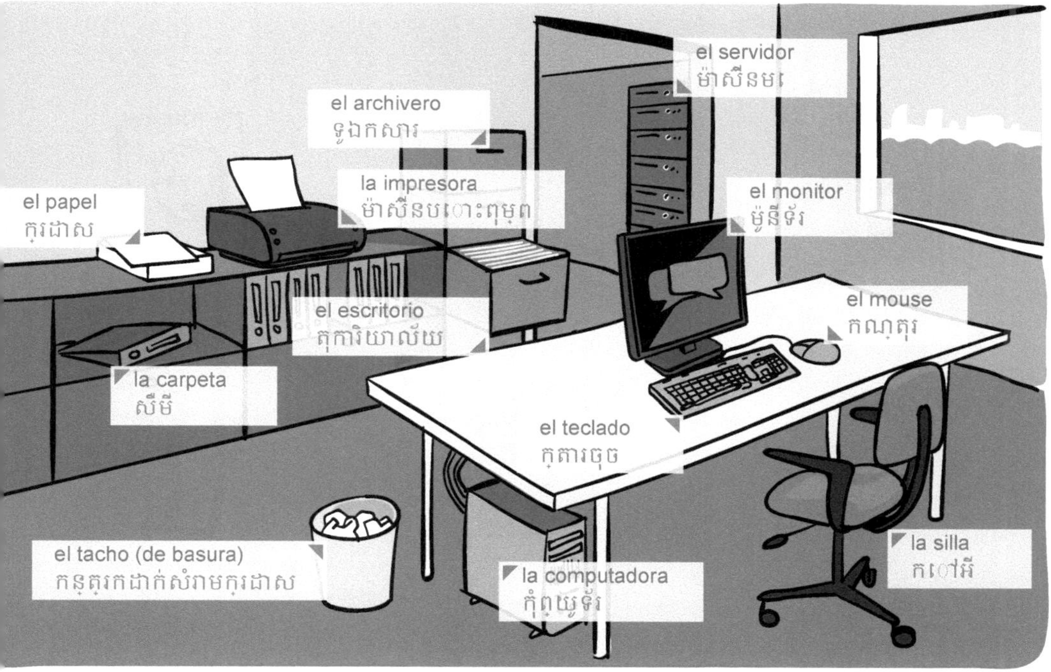

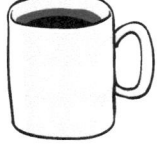

la taza de café
កែវកាហ្វេ

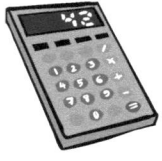

la calculadora
ម៉ាសីនគិតលេខ

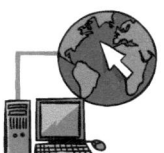

el internet
អីនធឺណិត

la laptop
កុំព្យូទ័រយួរដៃ

la carta
លិខិត

el mensaje
សារ

el celular
ទូរស័ព្ទដៃ

la red
បណ្ដាញ

la fotocopiadora
ម៉ាស៊ីនថតចម្លង

el software
សូហ្វវែរ

el teléfono
ទូរស័ព្ទ

el tomacorriente
រន្ធដោតភ្លើង

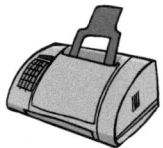

el fax
ម៉ាស៊ីនទូរសារ

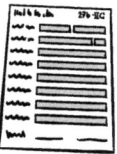

el formulario
ទម្រង់បែបបទ

el documento
ឯកសារ

la oficina - ការិយាល័យ

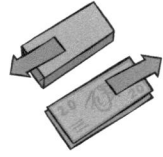

comprar

ទិញ

pagar

បង់ប្រាក់

hacer negocios

ធ្វើពាណិជ្ជកម្ម

el dinero

លុយ

el dólar

ប្រាក់ដុល្លារ

el euro

ប្រាក់អឺរ៉ូ

el yen

ប្រាក់យ៉េន

el rublo

ប្រាក់រូបិល

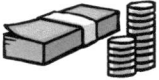

el franco suizo

ហ្វ្រង់ស្វីស

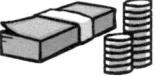

el yuan

ប្រាក់យ័ន

la rupia

ប្រាក់រូពី

el cajero automático

កន្លែងប្រើស្វ័យប្រវត្តិដកប្រាក់

la casa de cambio

ការិយាល័យបូរបូរប្រាក់

el oro

មាស

la plata

ប្រាក់

el petróleo

ប្រេង

la energía

ថាមពល

el precio

តម្លៃ

el contrato

កិច្ចសន្យា

el impuesto

ពន្ធ

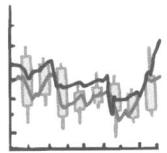

la acción

ភាគហ៊ុន

trabajar

ធ្វើការ

el empleado

បុគ្គលិក

el empleador

និយោជក

la fábrica

រោងចក្រ

el negocio

ហាង

las ocupaciones
មុខរបរ

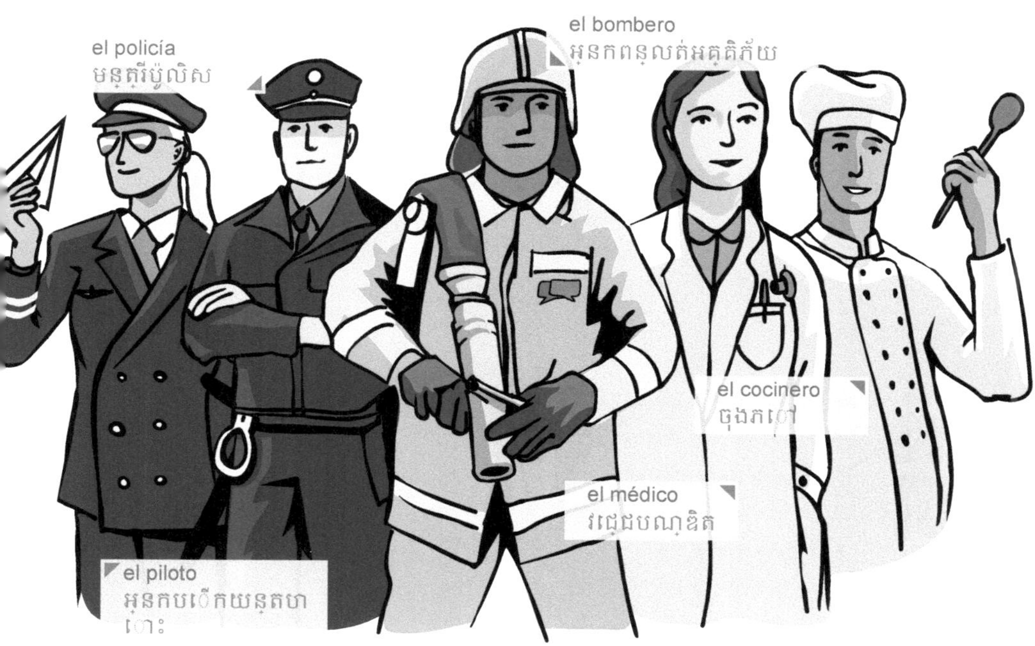
el policía
មន្ត្រីប៉ូលិស
el bombero
អ្នកពន្លត់អគ្គិភ័យ
el cocinero
ចុងភៅ
el médico
វេជ្ជបណ្ឌិត
el piloto
អ្នកបើកយន្តហោះ

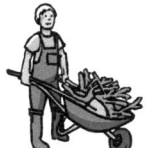

el jardinero
អ្នកថែសួន

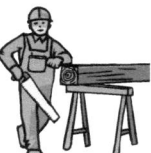

el carpintero
ជាងឈើ

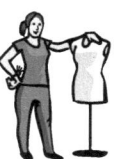

la modista
ជាងកាត់ដេរ

el juez
ចៅក្រម

el farmacéutico
គីមីវិទូ

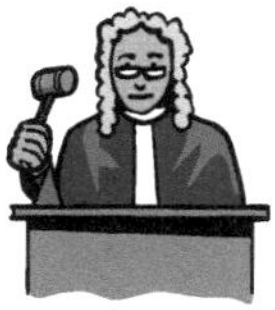

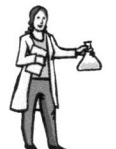

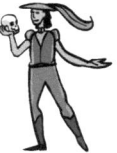

el actor
តួកុន

el colectivero

អ្នកបើកឡានក្រុង

el taxista

អ្នកបើកតាក់ស៊ី

el pescador

អ្នកនេសាទ

la mucama

សុត្តីអ្នកសមុអាត

el techista

ជាងដំបូល

el mozo

អ្នករត់តុ

el cazador

អ្នកបរបាញ់សត្វ

el pintor

វិចិត្រករ

el panadero

អ្នកដុតនំ

el electricista

ជាងអគ្គីសនី

el albañil

ជាងសំណង់

el ingeniero

វិស្វករ

el carnicero

អ្នកកាប់សាច់

el plomero

ជាងជួសជុលទុយោទឹក

el cartero

អ្នករត់សំបុត្រ

el soldado

ទាហាន

el arquitecto

ស្ថាបត្យករ

el cajero

បេឡា

el florista

អ្នកលក់ផ្កា

el peluquero

អ្នកអ៊ិតសក់

el cobrador

អ្នកយកលុយ

el mecánico

ជាងម៉ាស៊ីន

el capitán

កាពីទែន

el dentista

ពេទ្យធ្មេញ

el científico

អ្នកវិទ្យាសាសុត្រ

el rabino

គ្រូបង្រៀនថ្ចាប់សញ្ញជាតិ
ជ៊ីហ្ស៊ូ

el imán

លោកសង្ឃយ៉ាម

el monje

ព្រះសង្ឃ

el sacerdote

បព្រជិត

las herramientas
ឧបករណ៍

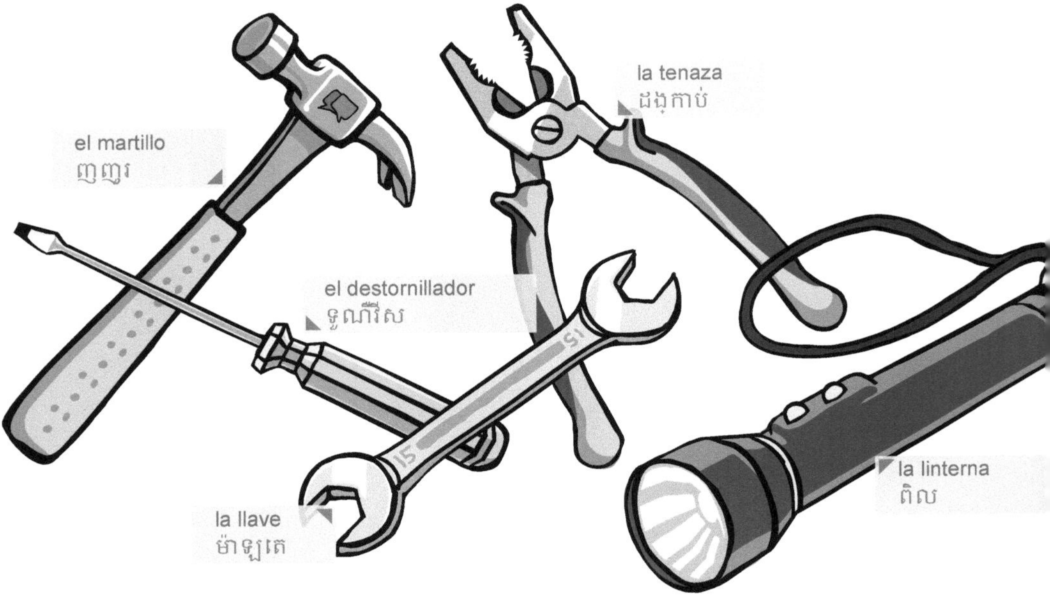

el martillo
ញញួរ

la tenaza
ដង្កាប់

el destornillador
ទួណឺវិស

la llave
ម៉ាឡ្យគ្រែ

la linterna
ពិល

la excavadora
ម៉ាស៊ីនជីក

la caja de herramientas
ប្រអប់ឧបករណ៍

la escalera portátil
ជណ្តើរទ្វេរ

la sierra
រណារ

los clavos
ដែកគោល

el taladro
ប្រដាប់ស្វ៊ាន

arreglar

ជួសជុល

la pala de jardín

បំលែ

¡Qué bronca!

ចង្រៃ!

la pala de plástico

បុរដោបច្ចកធ្លុំ

el tacho de pintura

ធុងថ្នាំពណ៌

los tornillos

វីស

los instrumentos musicales

ឧបករណ៍តន្ត្រី

el parlante
ឧបករណ៍បំពងសំឡេង

la batería
ឈុតស្គរ

la guitarra
ហ្គីតា

el contrabajo
ហាសគីរ

la trompeta
ត្រូវែ

el piano

ព្យាណូ

el violín

វីយូឡុង

el bajo

បាស

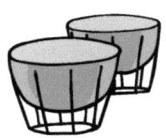

los timbales

សូតរពោសសុបកែមុយ៉ាង

el tambor

ស្គរ

el teclado

យឺបត

el saxofón

សាក្សូហ្វូន

la flauta

ខ្លុយ

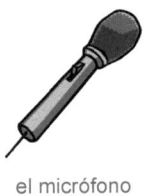

el micrófono

មីក្រូហ្វូន

el zoológico
សួនសត្វ

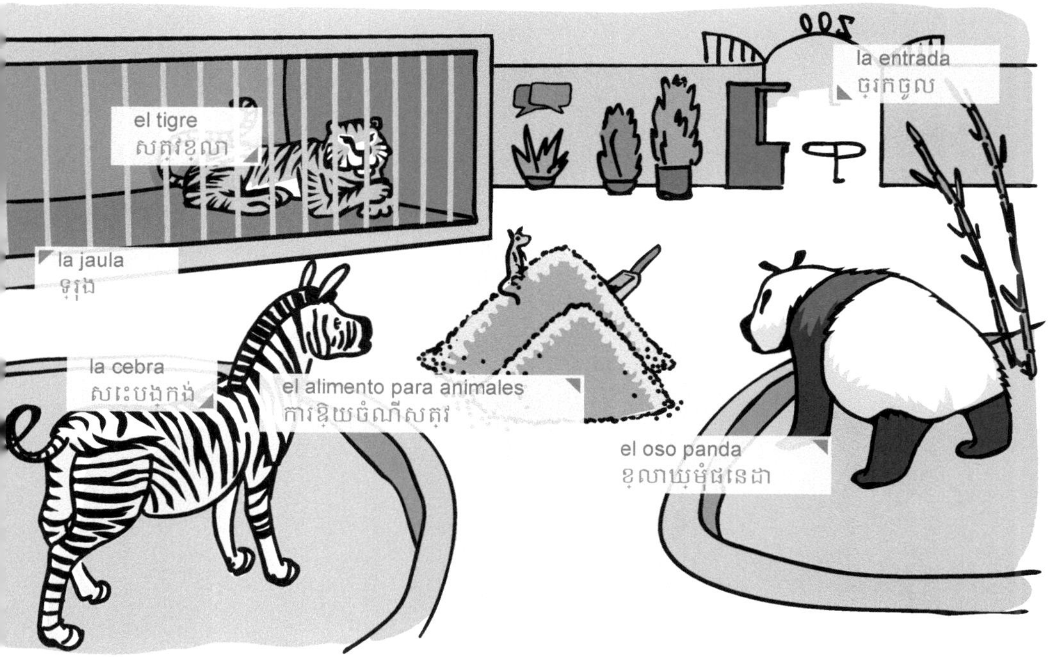
la entrada
ច្រកចូល
el tigre
សត្វខ្លា
la jaula
ទ្រុង
la cebra
សេះបង្កង់
el alimento para animales
ការឱ្យចំណីសត្វ
el oso panda
ខ្លាឃ្មុំផេនដា

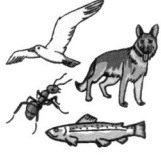

los animales

សត្វ

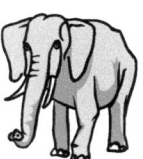

el elefante

សត្វដំរី

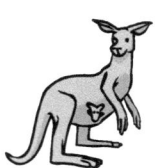

el canguro

សត្វកង់ហ្គារូ

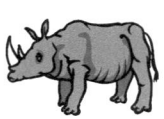

el rinoceronte

សត្វរមាស

el gorila

សត្វស្វាហ្គ័រីឡា

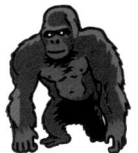

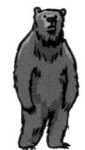

el oso

ខ្លាឃ្មុំពណ៌ត្នោត

el camello

សត្វអូដ្ឋ

el avestruz

សត្វអូទ្រីស

el león

សត្វតោ

el mono

ស្វា

el flamenco

សត្វក្រៀល

el loro

សកេ

el oso polar

ខ្លាឃ្មុំតំបន់ប៉ូល

el pingüino

ជើនប៉ុវីន

el tiburón

ត្រីឆ្លាម

el pavo real

ក្ងោក

la serpiente

សត្វពស់

el cocodrilo

ក្រពើ

el cuidador del zoológico

អ្នករក្សាសូនសត្វ

la foca

ឆ្មាទឹក

el jaguar

ខ្លារខិនមយ៉ាង

el poni

ក្ងនសះ

el leopardo

ខ្លារខិន

el hipopótamo

សត្វជើរទឹក

la jirafa

សត្វករវៃ

el águila

ពន្ទ្វី

el jabalí

ជ្រូក

el pescado

ត្រី

la tortuga

អណ្ដើកលឹក

la morsa

លោមមច្ឆា

el zorro

កញ្ជ្រោង

la gacela

ក្ដាន់

los deportes
កីឡា

el fútbol americano
កីឡាបាល់ទាត់អាមេរិក

el ciclismo
ការបុរញ្ចាំងកង់

el tenis
កីឡាចនីស

el básquet
កីឡាបាល់បោះ

la natación
កីឡាហែលទឹក

el boxeo
កីឡាប្រដាល់

el hockey sobre hielo
កីឡាវាយកូនមាល់លើទឹ
កក

el fútbol
កីឡាបាល់ទាត់

el bádminton
កីឡាវាយសី

el atletismo
អត្តពលកម្ម

el handball
កីឡាបាល់កាន់

el esquí
ការជិះស្គី

el polo
ប៉ូឡូ

las actividades
សកម្មភាពនានា

saltar
លោត
abrazar
ឱប
reír
សើច
caminar
ដើរ
cantar
ច្រៀង
soñar
សុបិន្ត
rezar
អធិស្ឋាន
besar
ថើប

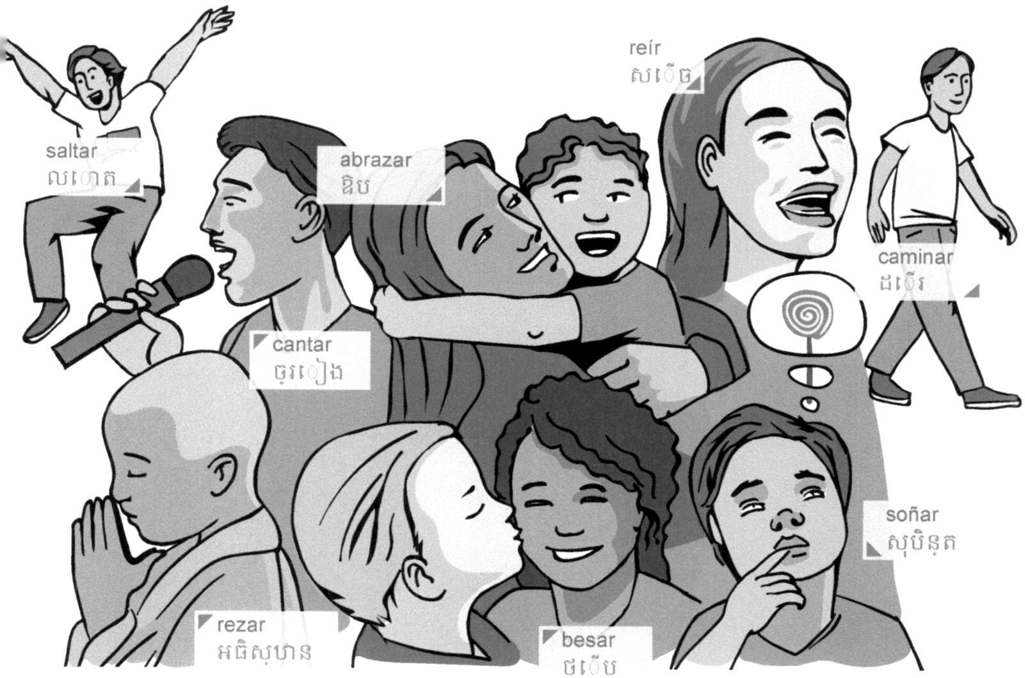

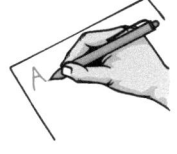

escribir
សរសេរ

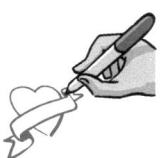

dibujar
គូរ

mostrar
បង្ហាញ

presionar
រុញ

dar
ឲ្យ

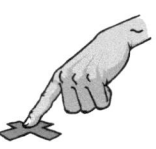

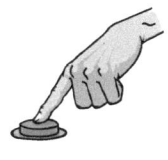

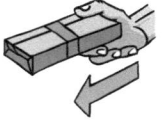

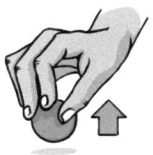

tomar
យក

tener

មាន

hacer

ធ្វើរ៉ើ

ser

គឺ

estar parado

ឈរ

correr

រត់

tirar

ទាញ

tirar

បោះ

caer

ធ្លាក់

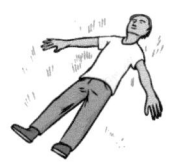

estar acostado

កុហាក

esperar

រង់ចាំ

llevar

យួរ

estar sentado

អង្គុយ

vestirse

ស្លៀកពាក់

dormir

ដេក

despertar

ភ្ញាក់ឡើង

mirar

មើល

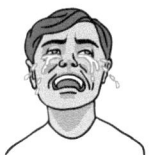

llorar

យំ

acariciar

គូសវាស

peinar

សិតសក់

hablar

និយាយ

entender

យល់

preguntar

សួរ

escuchar

ស្ដាប់

beber

ផឹក

comer

បរិភោគ

ordenar

សមុអាត

amar

សុរលាញ់

cocinar

ចម្អិន

manejar

បើកបរ

volar

ហោះ

navegar

ចំកែទូក

calcular

គណនា

leer

អាន

aprender

រៀន

trabajar

ធ្វើការ

casarse

រៀបការ

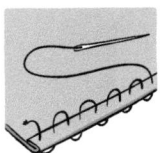

coser

ដេរ

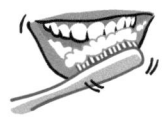

cepillarse los dientes

ដុសធ្មេញ

matar

សម្លាប់

fumar

ជក់

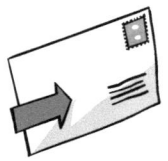

enviar

ផ្ញើរ

las actividades - សកម្មភាពនានា

la familia
ក្រុមគ្រួសារ

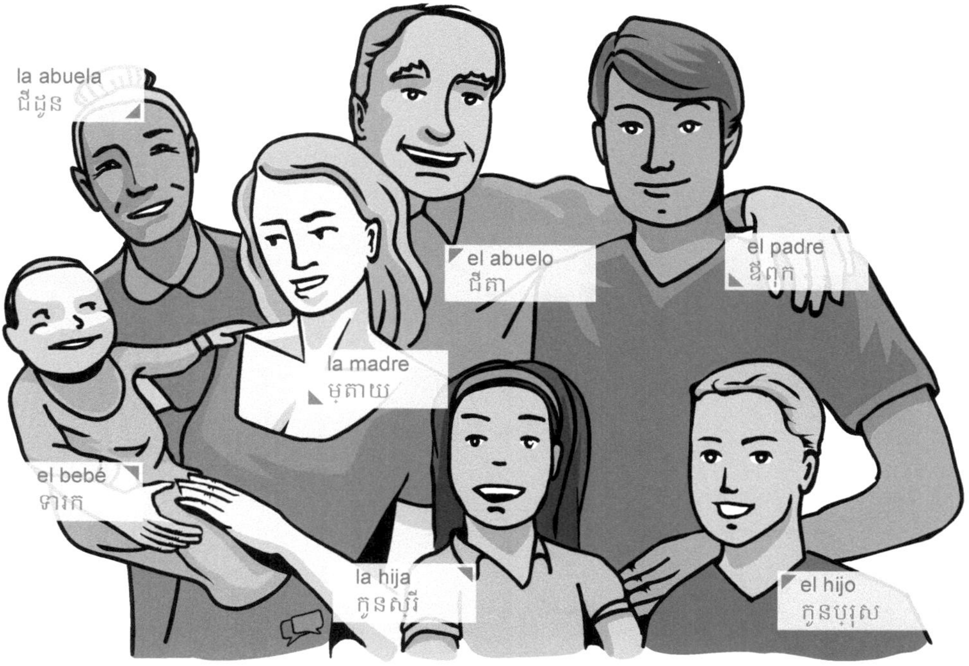
la abuela
ជីដូន
el abuelo
ជីតា
el padre
ឪពុក
la madre
ម្តាយ
el bebé
ទារក
la hija
កូនស្រី
el hijo
កូនប្រុស

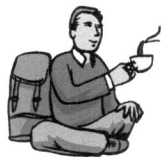

el invitado
....
ភ្ញៀវ

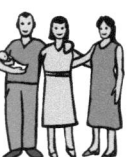

la tía
....
មីង

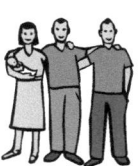

el tío
....
ពូ

el hermano
....
បងប្អូនប្រុស

la hermana
....
បងប្អូនស្រី

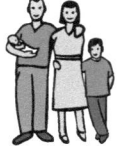

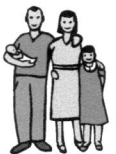

el cuerpo
រាងកាយ

la frente
ថ្ងាស
el ojo
ភ្នែក
el hombro
ស្មា
el dedo
ម្រាមដៃ
la cara
មុខ
la pera
ចង្កា
la mano
ដៃ
la pierna
ជើង
el pecho
សុដន់
el brazo
ដៃ

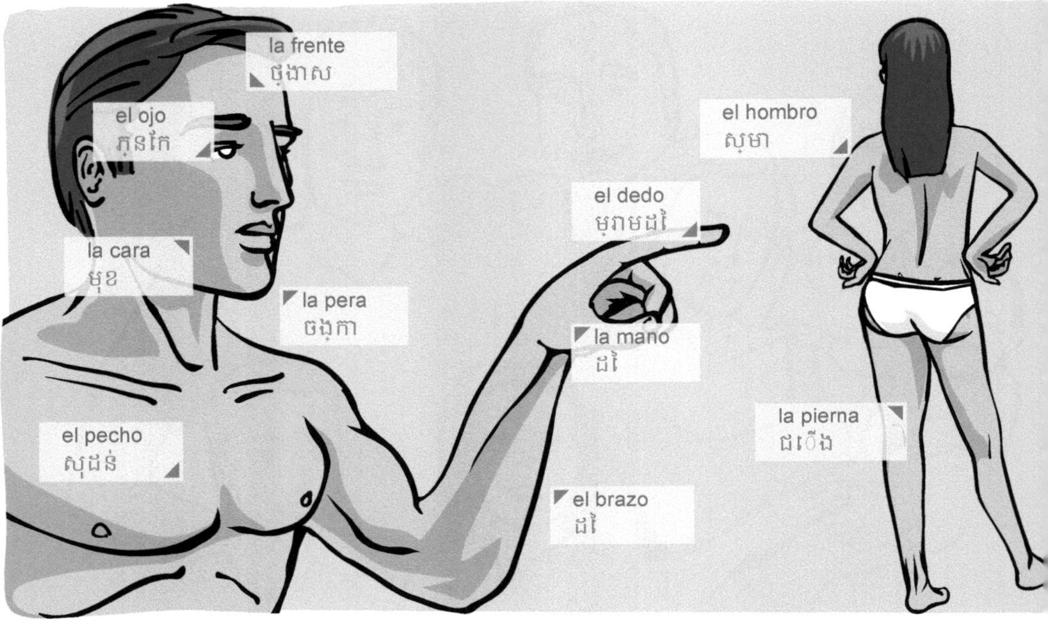

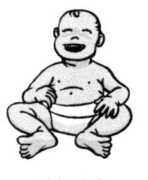

el bebé

ទារក

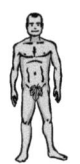

el hombre

បុរស

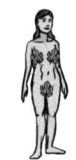

la mujer

ស្ត្រី

la nena

ក្មេងស្រី

el nene

ក្មេងប្រុស

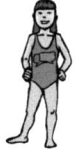

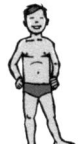

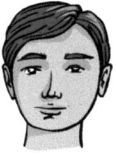

la cabeza

ក្បាល

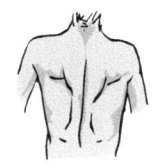

la espalda

ខ្នង

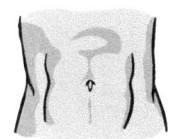

la panza

ពោះ

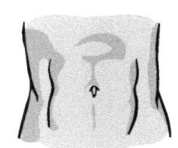

el ombligo

ផ្ចិត

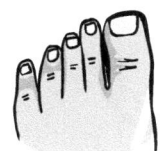

el dedo del pie

ម្រាមជើង

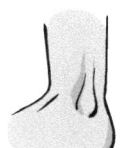

el talón

កែងជើង

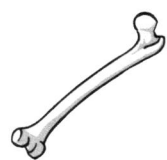

el hueso

ឆ្អឹង

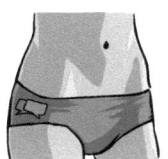

la cadera

គូថតាក

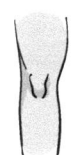

la rodilla

ជង្គង់

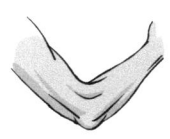

el codo

កែងដៃ

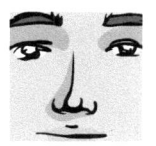

la nariz

ច្រមុះ

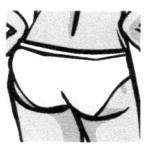

la cola

គូទ

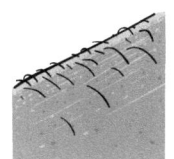

la piel

ស្បែក

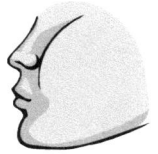

el cachete

ថ្ពាល់

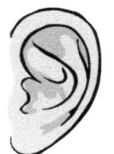

la oreja

ត្រចៀក

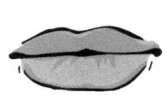

el labio

បបូរមាត់

la boca

មាត់

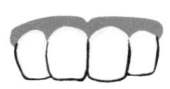

el diente

ធ្មេញ

la lengua

អណ្តាត

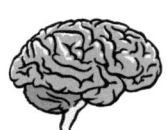

el cerebro

ខួរក្បាល

el corazón

បេះដូង

el músculo

សាច់ដុំ

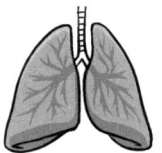

el pulmón

សួត

el hígado

ថ្លើម

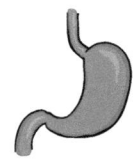

el estómago

ក្រពះ

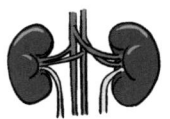

los riñones

តម្រងនោម

el sexo

ការរួមភេទ

el preservativo

ស្រោមអនាម័យ

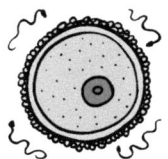

el óvulo

អូវុល

el semen

ទឹកកាម

el embarazo

ការមានផ្ទៃពោះ

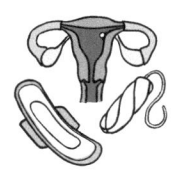

la menstruación

មករដូវ

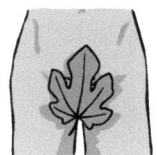

la vagina

ទ្វារមាស

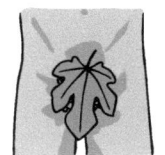

el pene

លិង្គ

la ceja

ចិញ្ចើមភ្នែក

el pelo

សក់

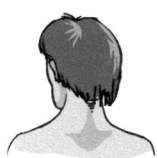

el cuello

ក

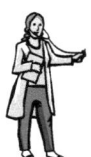

el hospital
មន្ទីរពេទ្យ

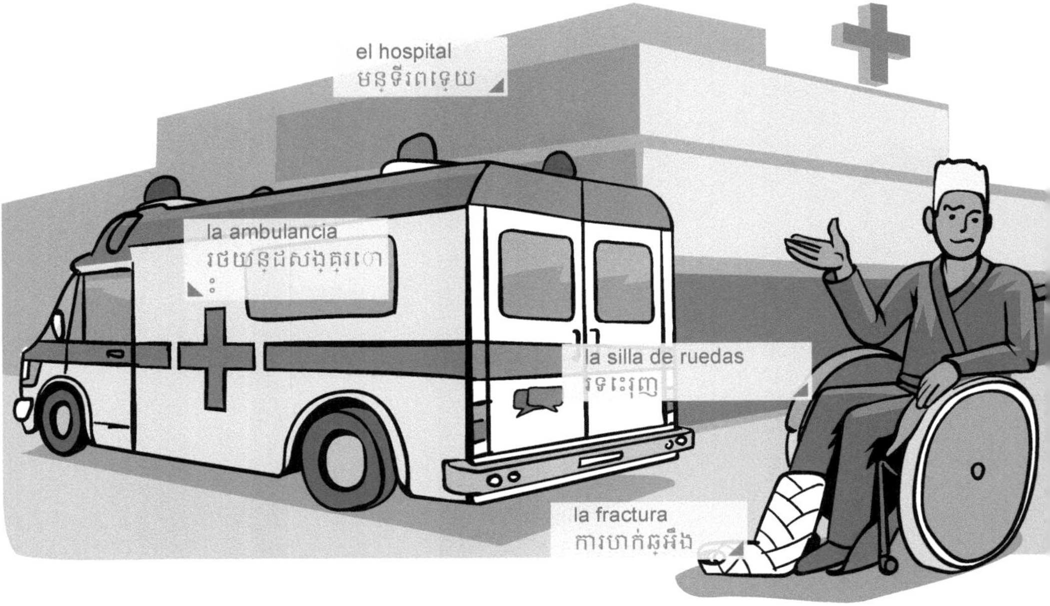

el hospital
មន្ទីរពេទ្យ
la ambulancia
រថយន្តសង្គ្រោះ
la silla de ruedas
រទេះរុញ
la fractura
ការបាក់ឆ្អឹង

el médico

វេជ្ជបណ្ឌិត

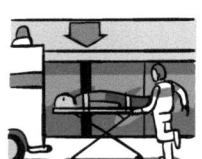

la sala de guardia

បន្ទប់សង្គ្រោះបន្ទាន់

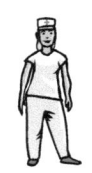

la enfermera

គិលានុបដ្ឋាយិកា

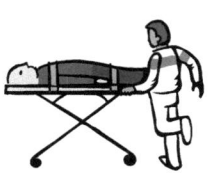

la emergencia

សង្គ្រោះបន្ទាន់

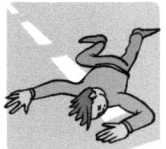

inconsciente

សន្លប់

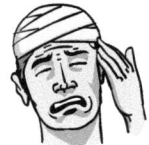

el dolor

ការឈឺចាប់

la lesión

ការរងរបួស

la hemorragia

ការហូរឈាម

el infarto

គាំងបេះដូង

el ACV

មុជីដាច់សរសៃឈាមក្នុង
ក្បាល

la alergia

អាលែកហ្សី

la tos

ក្អក

la fiebre

ជំងឺគ្រុន

la gripe

ជំងឺផ្តាសាយ

la diarrea

ជំងឺរាគរូស

el dolor de cabeza

ឈឺក្បាល

el cáncer

ជំងឺមហារីក

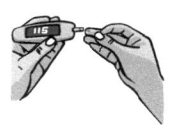

la diabetes

ជំងឺទឹកនោមផ្អែម

el cirujano

គ្រូពេទ្យវះកាត់

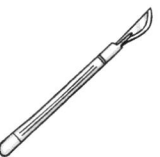

el bisturí

កាំបិតវះកាត់

la operación

ប្រតិបត្តិការ

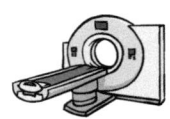

la TC
CT

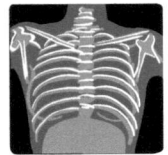

los rayos x
ការស្កម៍អ៊ិច

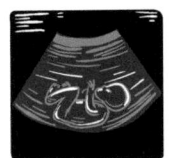

la ecografía
អេក្ញ

el barbijo
របាំងមុខ

la enfermedad
ជំងឺ

la sala de espera
បន្ទប់ចាំទទួល

la muleta
ឈើច្រត់

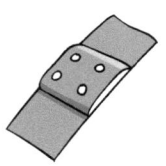

la curita
ម្នាងសិលា

la venda
បង់រុំ

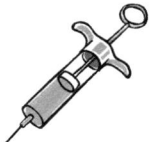

la inyección
ការចាក់ថ្នាំ

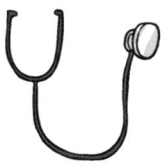

el estetoscopio
ស្តេតូស្កុប

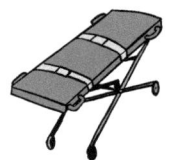

la camilla
សុនដែងរបួស

el termómetro
ទែម៉ូម៉ែត្ររុយ្យាបាល

el nacimiento
កំណើត

el sobrepeso
លើសទម្ងន់

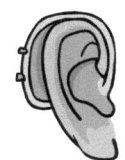

el audífono

ឧបករណ៍ជំនួយការស្ដាប់

el desinfectante

សារធាតុសម្លាប់មេរោគ

la infección

ការឆ្លងមេរោគ

el virus

មេរោគ

el VIH / SIDA

មេរោគអេដស៍ / ជំងឺអេដស៍

el remedio

ថ្នាំពេទ្យ

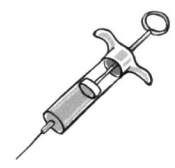

la vacunación

ការចាក់ថ្នាំបង្ការ

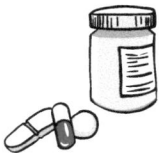

los comprimidos

ថ្នាំគ្រាប់

la pastilla anticonceptiva

ថ្នាំគុមរប់

a llamada de emergencia

ការហៅ ៗពេលអាសន្ន

el tensiómetro

ឧបករណ៍ពិនិត្តយសម្ពាធ
ឈាម

enfermo / sano

ឈឺ / មានសុខភាពល្អ

¡Ayuda!

ជំនួយ!

la alarma

សំឡេងរោទ៍

la agresión

ការវាយលុក

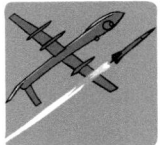

el ataque

ការវាយប្រហារ

el peligro

គ្រោះថ្នាក់

la salida de emergencia

ច្រកចេញគ្រោះអាសន្ន

¡Fuego!

អគ្គីភ័យ!

el matafuego

បំពង់ពន្លត់អគ្គីភ័យ

el accidente

គ្រោះថ្នាក់

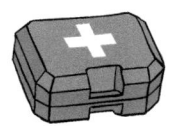

el botiquín de primeros
auxilios

ឧបករណ៍ជំនួយបឋម

el SOS

SOS

la policía

ប៉ូលិស

Europa

អឺរុប

América del Norte

អាមេរិកខាងជើង

América del Sur

អាមេរិកខាងត្បូង

África

អាហ្វ្រិក

Asia

អាស៊ី

Australia

អូស្ត្រាលី

el Atlántico

អាត្លង់ទិច

el Pacífico

ប៉ាស៊ីហ្វិក

el Océano Índico

មហាសមុទ្រវេណ្ឌខា

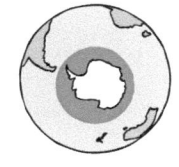

el Océano Antártico

មហាសមុទ្រអង់តាក់ទិច

el Océano Ártico

មហាសមុទ្រអាកទិច

el polo norte

ប៉ូលខាងជើង

el polo sur

ប៉ូលខាងត្បូង

la Antártida

អង់តាក់ទិក

la Tierra

ផែនដី

la tierra

ដីតោក

el mar

សមុទ្រ

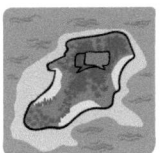

la isla

កោះ

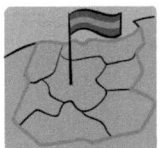

la nación

បុរទេសជាតិ

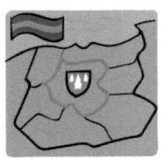

el estado

រដ្ឋ

la esfera

មុខនាឡិកា

la manecilla de las horas

ទ្រនិចម៉ោង

el minutero

ទ្រនិចនាទី

el segundero

ទ្រនិចវិនាទី

¿Qué hora es?

ម៉ោងប៉ុន្មាន?

el día

ថ្ងៃ

la hora

ពេលវេលា

ahora

ឥឡូវនេះ

el reloj digital

នាឡិកាឌីជីថល

el minuto

នាទី

la hora

ម៉ោង

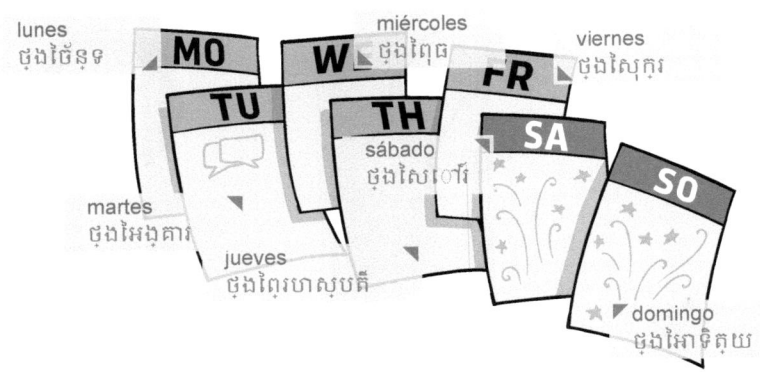

lunes
ថ្ងៃចន្ទ

miércoles
ថ្ងៃពុធ

viernes
ថ្ងៃសុក្រ

martes
ថ្ងៃអង្គារ

jueves
ថ្ងៃព្រហស្បតិ៍

sábado
ថ្ងៃសៅរ៍

domingo
ថ្ងៃអាទិត្យ

ayer
មុសិលមិញ

hoy
ថ្ងៃនេះ

mañana
ថ្ងៃស្អែក

la mañana
ព្រឹក

el mediodía
ថ្ងៃត្រង់

la tarde
ល្ងាច

MO	TU	WE	TH	FR	SA	SU
1	2	3	4	5	6	7
8	9	10	11	12	13	14
15	16	17	18	19	20	21
22	23	24	25	26	27	28
29	30	31	1	2	3	4

los días hábiles
ថ្ងៃធ្វើការ

MO	TU	WE	TH	FR	SA	SU
1	2	3	4	5	6	7
8	9	10	11	12	13	14
15	16	17	18	19	20	21
22	23	24	25	26	27	28
29	30	31	1	2	3	4

el fin de semana
ចុងសប្តាហ៍

la lluvia
ទឹកភ្លៀង

el arco iris
ឥន្ធនូ

la nieve
ព្រិល

el viento
ខ្យល់

la primavera
និទាឃរដូវ

el otoño
រដូវស្លឹកឈើជ្រុះ

el verano
រដូវក្ដៅ

el invierno
រដូវរងារ

4.APRIL	11°	☀
5.APRIL	4°	☁
6.APRIL	13°	☂
7.APRIL	8°	❄
8.APRIL	10°	☀

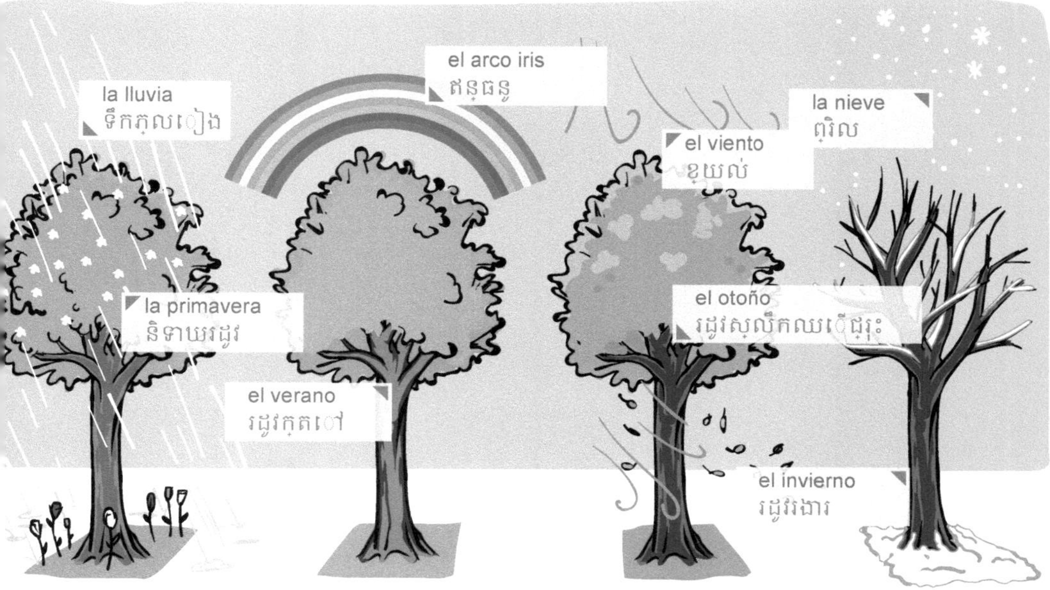

pronóstico meteorológico

ការព្យាករណ៍អាកាសធាតុ

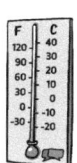

el termómetro

ទែម៉ូម៉ែត្រ

la luz del sol

ពន្លឺថ្ងៃ

la nube

ពពក

la niebla

អ័ព្ទ

la humedad

សំណើម

el rayo

រន្ទះ

el trueno

ផ្គរ

la tormenta

ព្យុះ

el granizo

ព្រិល

el monzón

ខ្យល់មូសុង

la inundación

ទឹកជំនន់

el hielo

ទឹកកក

enero

ខែមករា

febrero

ខែកុម្ភៈ

marzo

ខែមីនា

abril

ខែមេសា

mayo

ខែឧសភា

junio

ខែមិថុនា

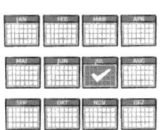

julio

ខែកក្កដា

agosto

ខែសីហា

septiembre

ខែកញ្ញា

octubre

ខែតុលា

noviembre

ខែវិច្ឆិកា

diciembre

ខែធ្នូ

las formas
រាង

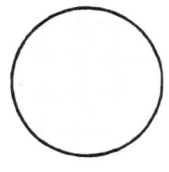

el círculo

រង្វង់

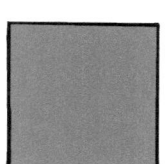

el cuadrado

ការ៉េ

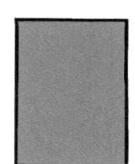

el rectángulo

ចតុកោណកែង

el triángulo

ត្រីកោណ

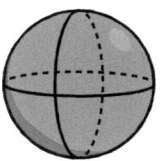

la esfera

ស្វ៊ែរ

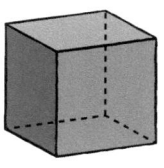

el cubo

គូប

blanco

ពណ៌ស

amarillo

ពណ៌លឿង

naranja

ពណ៌ទឹកក្រូច

rosa

ពណ៌ផ្កាឈូក

rojo

ពណ៌ក្រហម

violeta

ពណ៌ស្វាយ

azul

ពណ៌ខៀវ

verde

ពណ៌បៃតង

marrón

ពណ៌ទឹកក្រូច

gris

ពណ៌ប្រផេះ

negro

ពណ៌ខ្មៅ

mucho / poco

ច្រើន / តិចតួច

enojado / tranquilo

ខឹង / តុរជាក់ចិត្តុត

lindo / feo

សូរស់សួអាត / អាក្រក់

el principio / el fin

ចាប់ផ្តើម / បញ្ចប់

grande / chico

ធំ / តូច

claro / oscuro

ភ្លឺ / ងងឹត

el hermano / la hermana

ងបុអ្ននបុរស / បងបុអ្ននស្រី

limpio / sucio

ស្អាត / កខ្វក់

completo / incompleto

ពេញលេញ / មិនពេញលេញ

el día / la noche

ថ្ងៃ / យប់

muerto / vivo

ស្លាប់ / នៅរស់

ancho / angosto

ធំទូលាយ / តូចចង្អៀត

comestible / no comestible

អាចបរិភោគបាន / មិនអាចបរិភោគបាន

malo / amable

ចិត្តអាក្រក់ / ចិត្តល្អ

entusiasmado / aburrido

ការរំភើប / អផ្សុក

gordo / flaco

ធាត់ / ស្គម

primero / último

ដំបូង / ចុងក្រោយ

el amigo / el enemigo

មិត្តភក្តិ / សត្រូវ

lleno / vacío

ពេញ / ទទេ

duro / blando

រឹង / ទន់

pesado / liviano

ធ្ងន់ / ស្រាល

el hambre / la sed

ភាពអត់ឃ្លាន / ការស្រេកឃ្លាន

enfermo / sano

ឈឺ / មានសុខភាពល្អ

ilegal / legal

ខុសច្បាប់ / ត្រូវច្បាប់

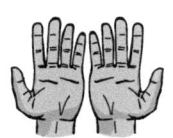

inteligente / estúpido

ឆ្លាតវៃ / ឆ្កួត

izquierda / derecha

ឆ្វេង / ស្តាំ

cerca / lejos

ជិត / ឆ្ងាយ

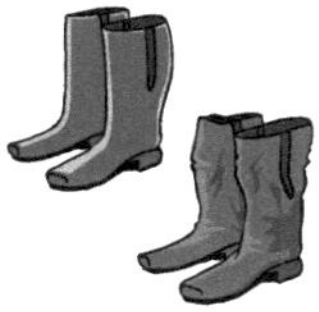

nuevo / usado

ថ្មី / បានប្រើ

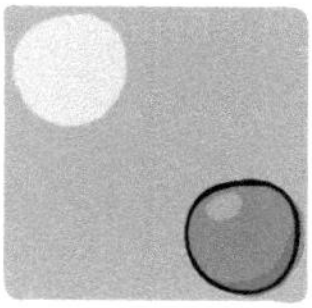

nada / algo

គ្មានអ្វីសោះ / អ្វីមួយ

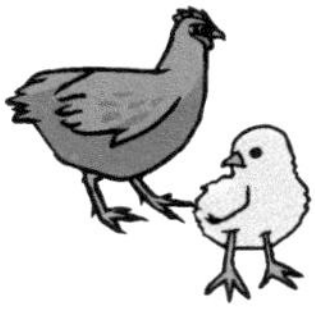

viejo / joven

ចាស់ / ក្មេង

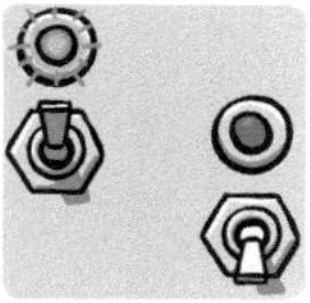

encendido / apagado

បើក / បិទ

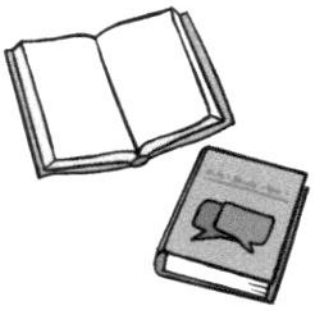

abierto / cerrado

បើក / បិទ

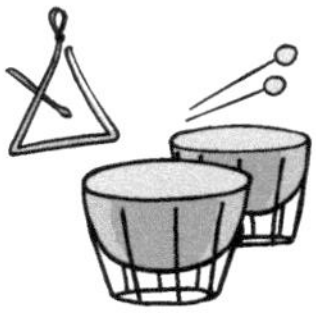

silencioso / ruidoso

ស្ងប់ស្ងាត់ / ឮខ្លាំង

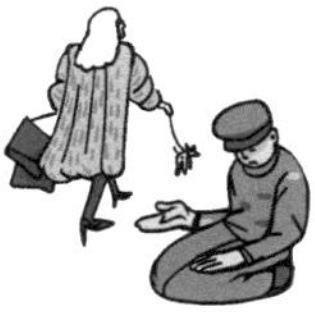

rico / pobre

មាន / ក្រ

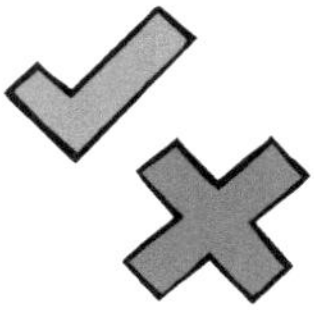

correcto / incorrecto

ត្រូវ / ខុស

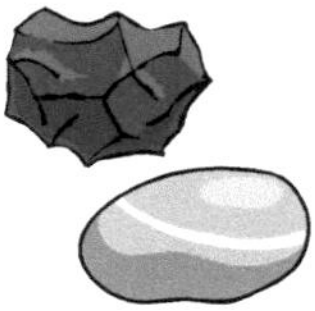

áspero / suave

គ្រើម / រលោង

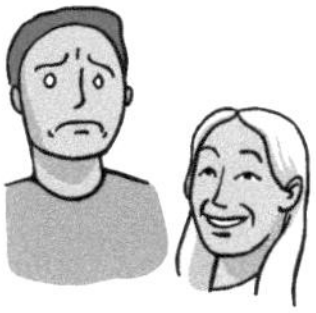

triste / contento

ហាកចិត្ត / សប្បាយចិត្ត

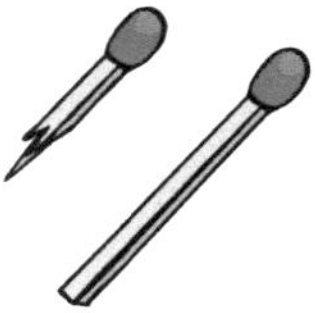

corto / largo

ខ្លី / វែង

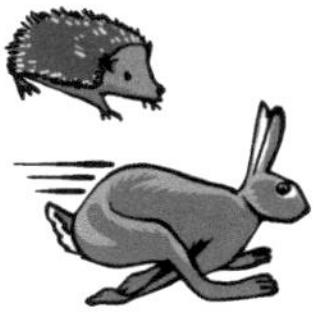

lento / rápido

យឺត / លឿន

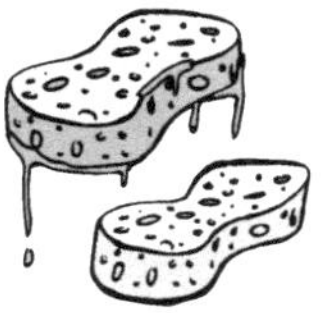

mojado / seco

សើម / ស្ងួត

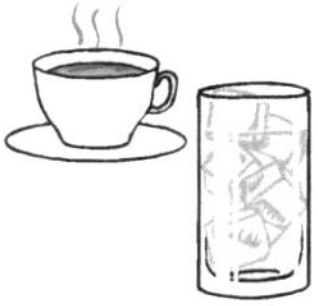

caliente / frío

ក្តៅ / ត្រជាក់

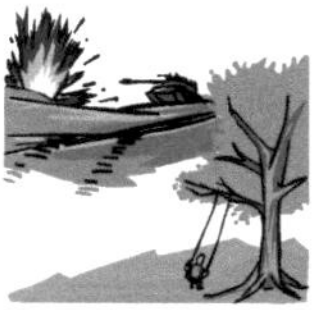

guerra / paz

សង្គ្រាម / សន្តិភាព

0

cero

ស៊ុន្យ

1

uno

មួយ

2

dos

ពីរ

3

tres

បី

4

cuatro

បួន

5

cinco

ប្រាំ

6

seis

ប្រាំមួយ

7

siete

ប្រាំពីរ

8

ocho

ប្រាំបី

9

nueve

ប្រាំបួន

10

diez

ដប់

11

once

ដប់មួយ

12

doce

ដប់ពីរ

13

trece

ដប់បី

14

catorce

ដប់បួន

15

quince

ដប់ប្រាំ

16

dieciséis

ដប់ប្រាំមួយ

17

diecisiete

ដប់ប្រាំពីរ

18

dieciocho

ដប់ប្រាំបី

19

diecinueve

ដប់ប្រាំបួន

20

veinte

ម្ភៃ

100

cien

រយ

1.000

mil

ពាន់

1.000.000

el millón

លាន

el inglés

អង់គ្លេស

el inglés americano

អង់គ្លេសអាមេរិក

el chino mandarín

ចិនកុកងឺ

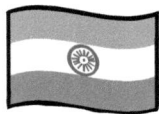

el hindi

ហិណ្ឌូ

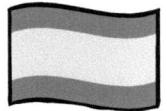

el español

អេស្បាញ

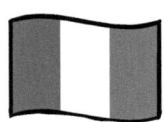

el francés

បារាំង

el árabe

អារ៉ាប់

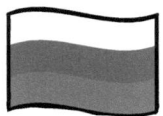

el ruso

រុស្សី

el portugués

ព័រទុយហ្គាល់

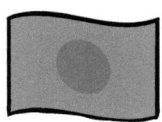

el bengalí

បង់ក្លាដេស

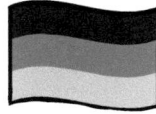

el alemán

អាល្លឺម៉ង់

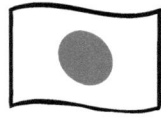

el japonés

ជប៉ុន

yo

ខ្ញុំ

vos

អ្នក

él / ella

គាត់ / នាង / វា

nosotros

យេីង

ustedes

អ្នក

ellos

ពួកគេហេន

¿quién?

នរណា?

¿qué?

អ្វី?

¿cómo?

របៀបណា?

¿dónde?

កន្លែងណា?

¿cuándo?

ពេលណា?

el nombre

ឈ្មោះ

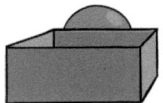

detrás

ពីក្រោយ

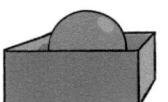

en

ក្នុង

adelante de

ពីមុខ

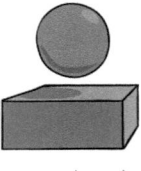

por encima de

ពីលើ

sobre

នៅលើ

debajo de

នៅក្រោម

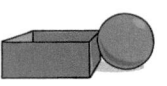

al lado de

នៅក្បែរ

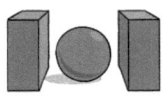

entre

រវាង

el lugar

កន្លែង